镇江图鉴

2022

ZHENJIANG TUJIAN

镇江市史志办公室 编

江苏大学出版社
JIANGSU UNIVERSITY PRESS

图书在版编目（CIP）数据

镇江图鉴. 2022 / 镇江市史志办公室编. -- 镇江 :
江苏大学出版社, 2022.12
ISBN 978-7-5684-1890-4

Ⅰ. ①镇… Ⅱ. ①镇… Ⅲ. ①镇江－地方史－2022－
图集 Ⅳ. ①K295.33-64

中国版本图书馆CIP数据核字(2022)第233819号

镇江图鉴. 2022

编　　者/ 镇江市史志办公室
责任编辑/ 常　钰
出版发行/ 江苏大学出版社
地　　址/ 江苏省镇江市京口区学府路301号（邮编：212013）
电　　话/ 0511-84446464（传真）
网　　址/ http://press.ujs.edu.cn
印　　刷/ 扬州皓宇图文印刷有限公司
开　　本/ 889 mm×1194 mm　1/16
印　　张/ 19.5
字　　数/ 211千字
版　　次/ 2022年 12 月第 1 版
印　　次/ 2022年 12 月第 1 次印刷
书　　号/ ISBN 978-7-5684-1890-4
定　　价/ 380.00 元

如有印装质量问题请与本社营销部联系（电话：0511-84440882）

2022

镇江图鉴·目录

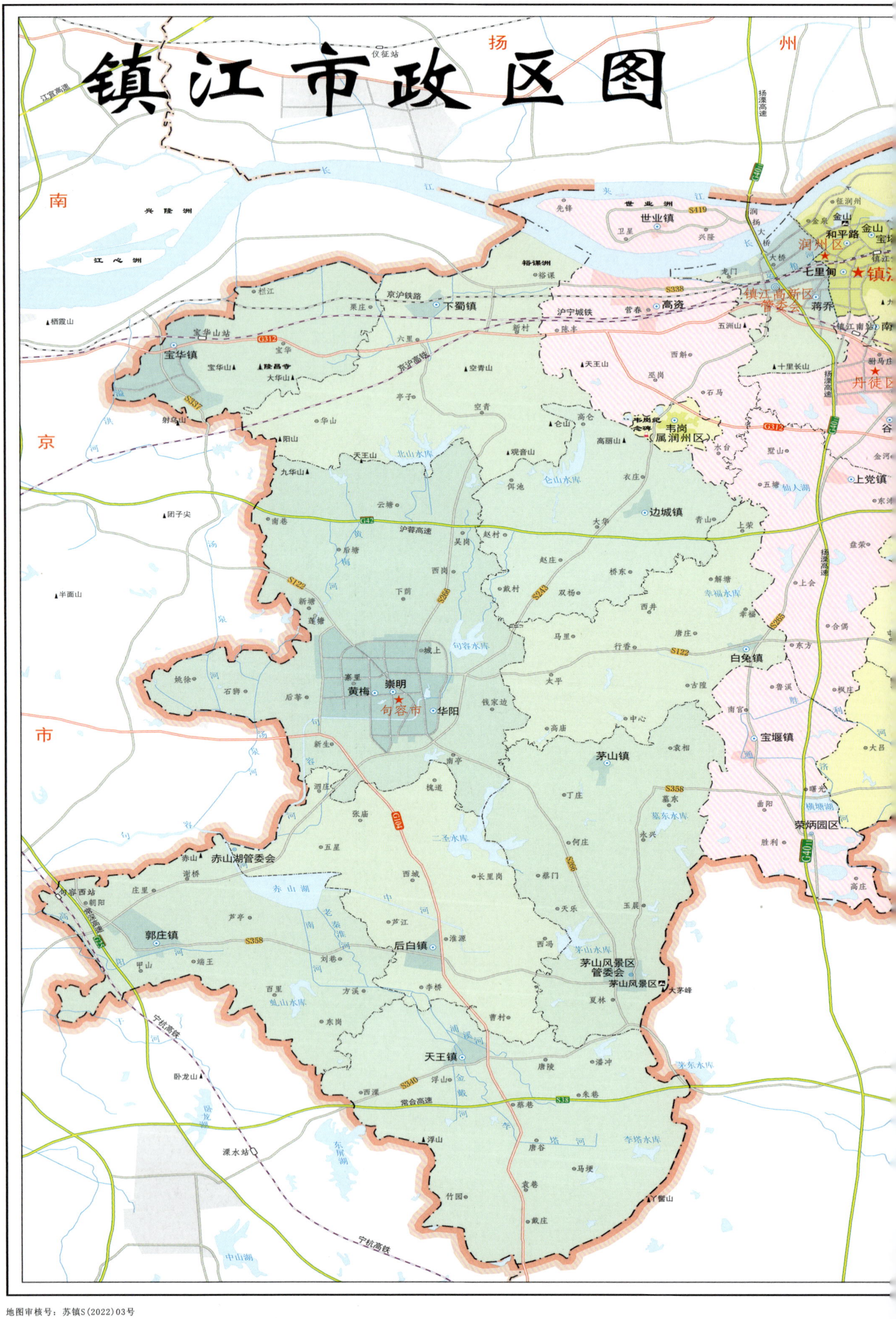

地图审核号：苏镇S(2022)03号

市
泰
州
市
常
州
市
常州市
市
夹江
长江
雷公嘴
连淮扬镇铁路
江宜高速
京沪高速
泰镇高速
沪陕高速
共青团农场
（属京口区）
新红
四方桥
康泰
高桥镇
（属丹徒区）
安丰
江心洲
江心园区
（属丹徒区）
五套
益平
北滩
长江
丹徒
左湖
卯
京口经济开发区
读壁
西苑
横山
李华
丰乐桥
五一
新坝镇
兴阳
立新
红联
新治
友好
兴华
广宁
三茅
扬中市
泰州长江公路大桥
联合
永勋
全东
锦程
扬中长江大桥
镇江大桥
五峰山
报恩塔
圌山
大路镇
扬中长江三桥
三桥
扬中大桥
小泡沙
东岳
大港
龙泉
西戴
泰镇高速
兴城
兴隆
福源
背顶山
伏滑
会龙
姚桥镇
镇江新区管委会
纪庄
红光
迎滨
留村
丁岗镇
华山
兴隆
鸣凤
红旗河
油坊镇
永兴
万福
太平
振华
红光
八桥镇
连淮扬镇铁路
G346
辛丰镇
龙山
G233
山北
丹徒站
京沪铁路
宁沪高铁
辛桥
中心
华村
黄墟
湖滨
湖马
城中
常兴
西丰
丰裕
滨江
宝山
水晶山
析钦
尧巷
济德
丹北镇
长春
界北
界牌镇
金桥
长胜
扬中长江二桥
界南
北胜
西来桥镇
新程
胡桥
建山
管山
新巷
嘉山
镇北
G42
沪蓉高速
嘉荟新城
河阳
毛家
丹阳市
张巷
其林
萧家
独山
丹阳北站
双茹
红光
访仙镇
走镇
城北
丹阳站
曲阿
前艾
荆林
薛甲
云阳
石城
贺巷
S122
杨城
永丰
乐善
窦庄
仁里
利民
迈村
大伐
汉夏
陵口镇
双合
新陵
留庄
沪蓉高速
大圣
横塘
永福
西符
常州奔牛机场
麦溪
留雁
澧塘
运河
井园
积庆
护国
吕城镇
S358
新庄
居庄
折柳
西墅
G312
大施
中仙
珥陵镇
扶城
祥里
G233
蓓桥
小华
导墅
导墅镇
滕村
后亭
东新
后庄
大华
蒋墅
下琴
东河
天荒湖
中天荒
S240
里庄
丁桥
积善
白马
皇塘镇
张埝
大南庄
宏图
夏溪河
常州北站
常州站
常合高速
图例
省辖市政府
县（市、区）政府
乡、镇、街道
行政派遣区级、镇级
村、居委会
设区市界
县区界
开发区界
乡镇、场圃界
高铁 车站
高速及编号
铁路 车站
国道及编号
（在建）
省道及编号
G312
S338
城市道路
旅游景区
水域 河流 桥
焦山 山峰
塔
纪念碑
机场
本图界线不作划界依据

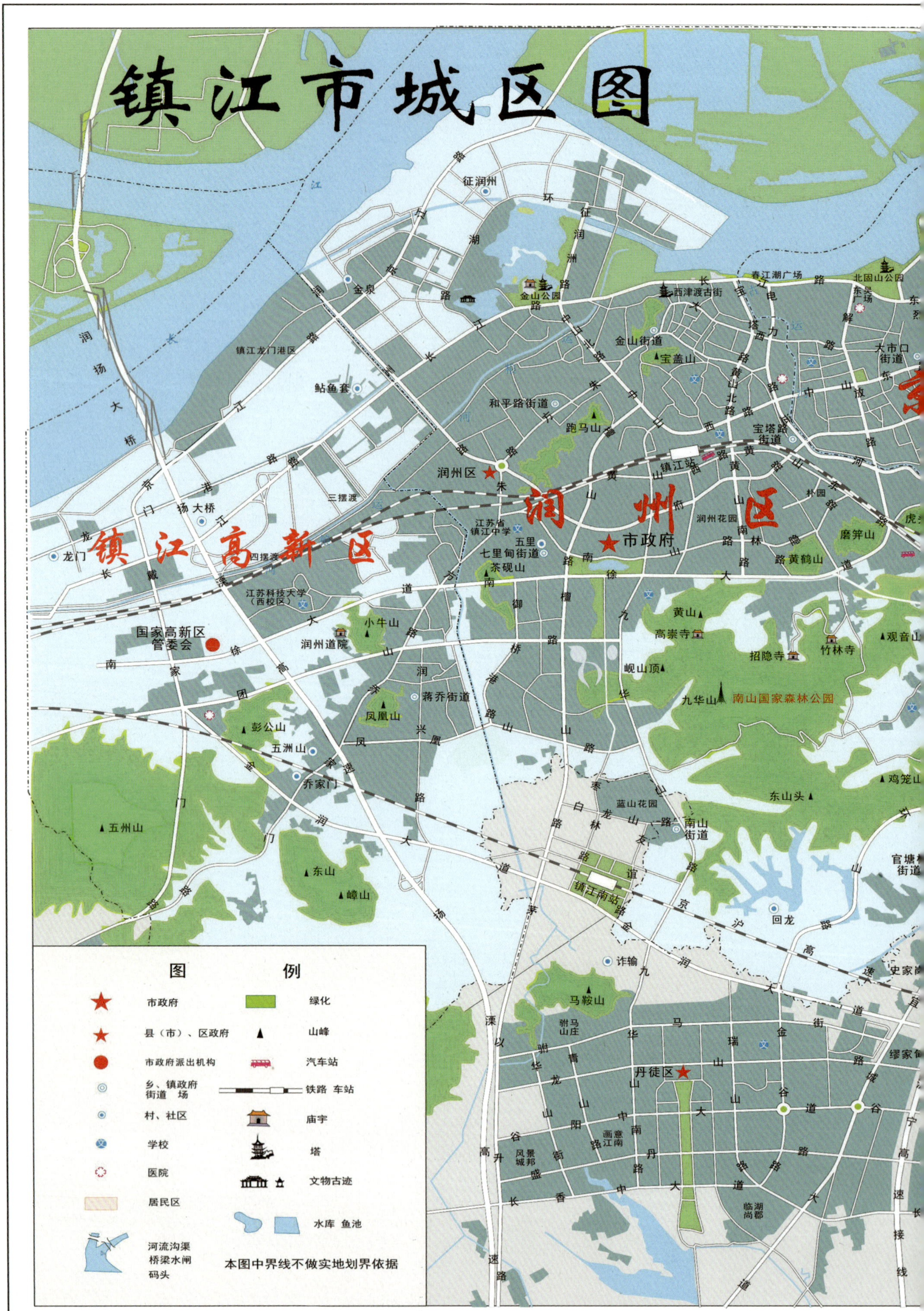

地图审核号：苏镇S(2022)02号

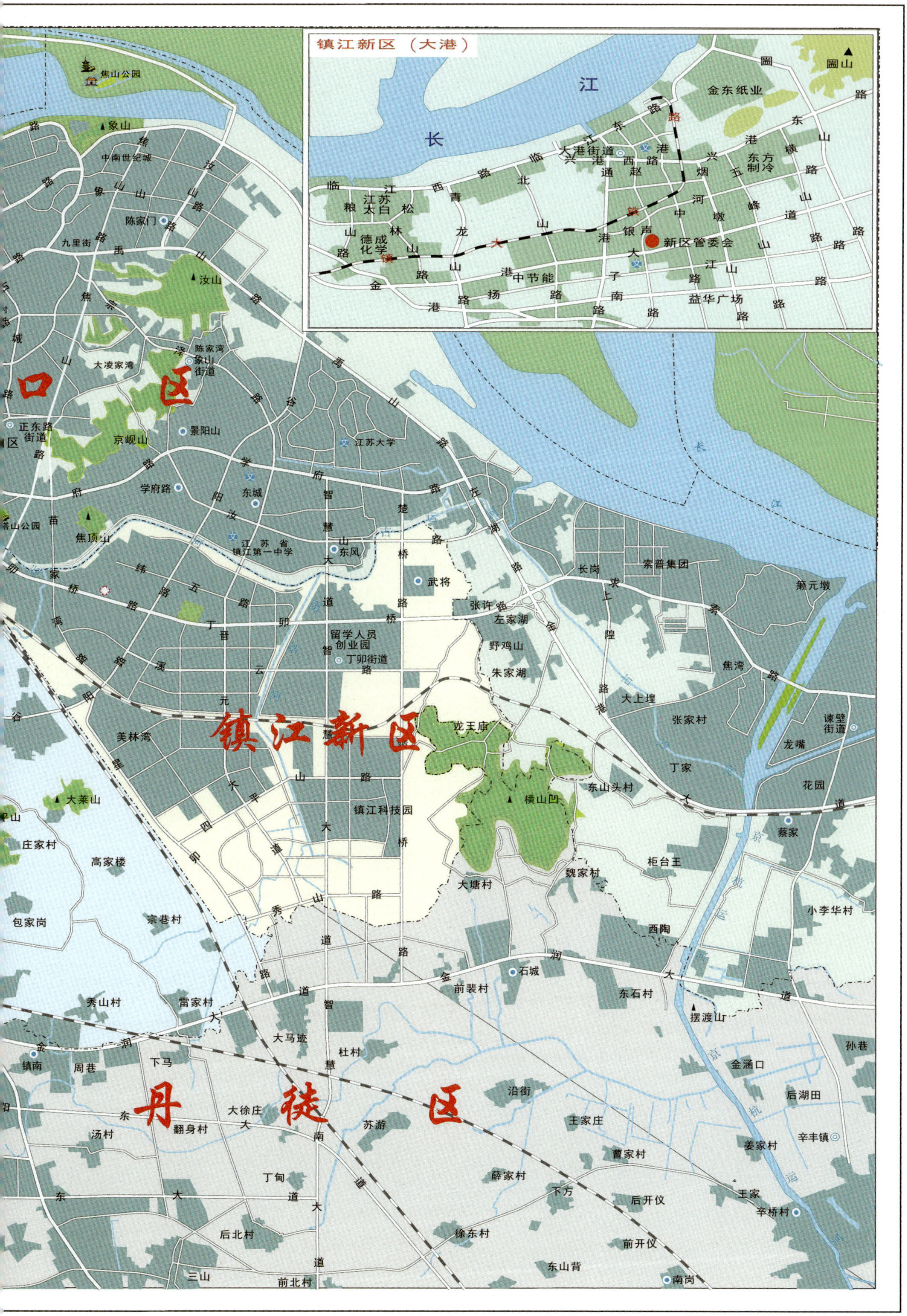

镇江新区（大港）
长江
金东纸业
圌山
大港街道
新区管委会
江苏粮食学院
中节能
益华广场
焦山公园
象山
中南世纪城
陈家门
九里街
汝山
陈家湾
象山街道
大凌家湾
京岘山
景阳山
正东路街道
学府路
东城
江苏大学
焦顶山
江苏省镇江第一中学
东风
武将
留学人员创业园
丁卯街道
张许
左家湖
野鸡山
朱家湖
长岗
索普集团
篪元墩
焦湾
大上埠
张家村
谏壁街道
龙嘴
丁家
花园
东山头村
龙王庙
横山凹
镇江科技园
美林湾
大莱山
庄家村
高家楼
包家岗
宗巷村
大塘村
魏家村
柏台王
蔡家
小李华村
西陶
石城
前裴村
东石村
摆渡山
秀山村
雷家村
大马迹
杜村
镇南
周巷
下马
孙巷
金涵口
后湖田
沿街
王家庄
辛丰镇
姜家村
大徐庄
翻身村
汤村
苏游
曹家村
丁甸
薛家村
下方
后开仪
王家
辛桥村
后北村
徐东村
前开仪
三山
前北村
东山背
南岗
口
区
镇江新区
丹徒区

ZHENJIANG
TUJIAN
(2022)
ZONGLAN
PIAN

镇江图鉴（2022）
纵览篇

自然环境

【地理位置】镇江市地处江苏省西南部，位于长江下游南岸、长江三角洲顶端，北纬31° 37′ ～32° 19′ ，东经118° 58′ ～119° 58′ 。东西最大直线距离95.5千米，南北最大直线距离76.9千米。东南接常州市，西邻南京市，北与扬州市、泰州市隔江相望。

【土地面积】镇江市土地总面积3840平方千米，占全省土地总面积的3.58%，其中水域面积470.8平方千米，占全市土地总面积的12.3%；市区1088平方千米，丹阳市1047平方千米，句容市1378平方千米，扬中市327平方千米。

【地貌】镇江市地貌走势为西高东低、南高北低，大部分地区属宁镇—茅山低山丘陵，沿江洲滩属长江新三角洲平原区，丹阳东南部则属太湖平原区。宁镇山脉境内大体为东西走向，有山峰114座，其中，市区62座、句容市45座、丹阳市7座。茅山山脉境内略呈南北走向，是秦淮河水系和太湖水系的分水岭。

江中洲地自西向东有世业洲、征润洲、新民洲、和畅洲（今江心洲）、顺江洲（今高桥镇）和太平洲(今扬中市全境)。

镇江市区地貌南高北低，北部沿江分布着心滩、洲滩、边滩以及冲积平原，海拔高度5～10米。市区南部为低山残丘，自西向东分布着五州山、十里长山、东山、九华山、黄山、观音山、鸡笼山、磨笄山等，东郊零星分布着汝山、横山、京岘山、雩山等残丘，除五州山、十里长山高度超过300米，其余山丘高度均在100～200米之间。城区内分布着金山、焦山、北固山、云台山、象山等高度低于100米的孤丘，总体上形成“一水横陈、连岗三面”的独特地貌。

镇江市十里长山 （卞婕 供稿）

镇江市区和句容交界处的高丽山 （谷立彬 供稿）

【资源】土地资源。据镇江市第三次全国农业普查主要数据公报，2016年年末，全市实际经营耕地面积117.95千公顷，其中，灌溉耕地面积105.24千公顷；实际经营林地面积（不含生态林防护林）25.37千公顷。

水资源。镇江是水资源较为丰富的城市。长江流经境内长103.7千米。京杭大运河境内全长42.74千米，在京口区谏壁街道与长江交汇。全市有流域面积50平方千米及以上河流32条（其中跨省2条），流域面积50平方千米以下至乡镇级主要河流328条。常年水面面积1平方千米及以上湖泊2个，0.5～1平方千米湖泊2个，均为淡水湖泊。有水库141座，塘坝3.97万处；地下水取水井13.49万眼，取水量1321.25万立方米。

矿产资源。镇江发现的金属矿产有铁、铜、铅、锌、钼、钨、金、银、铼及镉等10余种，矿床（点）有47处。非金属矿产有白云石、石灰石、大理石、膨润土、珍珠岩、沸石、耐火黏土、硅石、型砂及红柱石等，化工非金属矿产有硫铁矿、岩盐、泥炭、磷及含钾岩石等。温泉资源及地热资源丰富，包括地下热水和地温异常2类。

生物资源。植物方面，木本树种有74科183属394种及变种。其中，被列为国家一级保护植物的有珙桐、红豆杉、金钱松、银杏、苏铁等。动物方面，被列为国家一级保护动物的有白鱀豚、鹳、丹顶鹤、中华鲟等。鱼类资源丰富，境内长江鱼类分19个科。其中，刀鱼、鲥鱼、鳗鱼、河豚是名贵品种。

丹徒区凌塘水库 （陈绘静 供稿）

句容市仑山湖 （谷立彬 供稿）

镇江市区地形实景（孙悦萌 供稿）

国家一级保护动物东方白鹳（杨志国 供稿）

北固山景区的银杏树（陈绘静 供稿）

国家一级保护植物苏铁（陈绘静 供稿）

国家一级保护动物震旦鸦雀（周社 供稿）

【气候】镇江市属北亚热带季风气候，常年（1981—2010年）平均气温15.7℃，降水1085.4毫米，日照1972.4小时。2021年，全市年平均气温17.4℃，较常年偏高1.7℃，异常度值为2.47，属异常偏高年份，市年平均气温为镇江有气象记录以来的历史极值。年平均降水量1248.9毫米，比常年平均多15.1%，属正常年份。年累计日照时数2020.1小时，比常年同期偏多2.4%，属正常范畴。

交通口岸

【交通】镇江临江近海，水陆交通便利快捷。镇江为国家级水路主枢纽和省级公路枢纽城市。世界闻名的“黄金水道”——长江和京杭大运河在此交汇，沪宁高速公路、扬溧高速公路、京沪高速铁路、沪宁城际铁路、京沪铁路傍市而过。润扬长江公路大桥、泰州长江公路大桥为横跨长江的快速通道，五峰山长江大桥是长江江苏段第三座公路铁路两用大桥。104、312国道和122、231、238、241、243、337、340省道构成镇江与外省、市连接的公路网络。2021年，全市年末拥有公路总里程6873.82千米，其中高速公路210.45千米。镇江至南京高速公路行程45分钟，高速铁路行程20分钟。距南京禄口国际机场和常州奔牛国际机场均为60千米，至扬州泰州国际机场70千米。

【口岸】镇江港是全国主枢纽港之一、长三角组合港主要成员、国家一类开放口岸。镇江市长江自然岸线长270千米，其中，深水岸线长87千米。高资港区、龙门港区、谏壁港区、高桥港区、大港港区、扬中港区、新民洲港区构成镇江港口群体。2021年，全市完成港口货物吞吐量2.47亿吨，下降31.5%，其中长江港口吞吐量2.37亿吨，下降32.4%；港口集装箱吞吐量43.55万标箱，增长16.9%。

镇江市区南门高架桥一带公路、铁路交通掠影（李柱保 供稿）

镇江五峰山长江大桥及周边景色（孙悦萌 供稿）

镇江港大港港区集装箱码头（孙悦萌 供稿）

区划人口

【行政区划】至2021年年底，镇江市辖56个镇（街道）。其中，镇31个，街道25个。丹阳市辖10个镇、2个街道；句容市辖8个镇、3个街道；扬中市辖4个镇、2个街道；丹徒区辖6个镇、2个街道；京口区辖3个镇、8个街道，其中镇江新区代管3个镇、2个街道；润州区辖8个街道，其中镇江高新技术产业开发区（简称“镇江高新区”）代管1个街道。

【人口】2021年年末，镇江市常住人口321.72万人，比上年增加0.62万人，其中城镇人口256.99万人，常住人口城镇化率79.88%，常住人口中60岁及以上人口占比为23.92%，比上年上升0.36个百分点。常住人口出生率4.29‰，死亡率7.53‰，自然增长率-3.24‰。年末全市户籍人口268.10万人，比上年减少1.16万人；出生人口1.22万人，死亡人口2.18万人，户籍人口出生率4.6‰，死亡率8.1‰，自然增长率-3.5‰。户籍人口中男性132.16万人，减少0.66万人；女性135.93万人，减少0.50万人。

民族宗教

【民族】根据第六次全国人口普查资料，镇江市有47个少数民族，少数民族人口29118人，占全市总人口的比例为0.905%。少数民族人口中，人数排在前5名的是回族7628人、苗族3601人、土家族2768人、彝族2698人、壮族1647人，以上5个少数民族人口占全市少数民族人口的62.99%。全市有少数民族村3个、省级民族工作示范社区8个、民族学校2所、市级社会团体1个、对口支援学校1所、清真寺4座、清真食品网点10家、清真食品基本供应点2家。有全国民族特需商品定点生产企业6家。全市有民族公墓4处。

【宗教】镇江市是江苏省宗教工作重点城市之一，有佛教、道教、伊斯兰教、天主教和基督教。2021年，全市有依法登记的宗教活动场所154处，其中，佛教62处、道教15处、伊斯兰教4处、天主教1处、基督教72处。金山江天禅寺、焦山定慧寺、宝华山隆昌寺和茅山道院为国务院批准开放的全国重点寺院宫观，绍隆寺为省重点寺院。全市有宗教团体21个，宗教教职人员316人。

历史人文

【建置沿革】据考古，“宜”为镇江最早地名，是3000余年前周康王封给宜侯的领地名称，春秋时称朱方，后曾用谷阳、丹徒、京口、润州等名称。北宋政和三年（1113年）建镇江府，始称镇江，历经宋、元、明、清。辛亥革命后称丹徒县，1928年改为镇江县。1929年至1949年2月为江苏省政府所在地（其中1937—1945年镇江沦陷期间，省政府迁往苏北）。1949年4月23日镇江解放后，划城区和近郊为镇江市，四乡为丹徒县，均隶属于苏南行政区镇江专署。1953年苏南行政区、苏北行政区合并建江苏省后，设镇江专员公署，后区划多有调整，至1983年实行“地市合并、市管县”新体制前，辖镇江市和10个县，镇江为县级市和专署所在地（其中1958年9月—1959年9月，专署迁至常州，改称常州专员公署）。1983年3月，镇江市改为省辖市，含4县2区。1987年、1994年、1995年，所含丹阳、扬中、句容先后撤县设市；2002年，丹徒撤县设区。现镇江市含丹阳市、句容市、扬中市和丹徒区、京口区、润州区以及镇江新区、镇江高新技术产业开发区。

【历史文化遗存】镇江是国家历史文化名城，有着深厚的文化积淀。全市有各级文物保护单位299处，其中国家级13处：焦山碑林、丹阳和句容南朝陵墓石刻、镇江英国领事馆旧址、昭关石塔、大运河（包括大运河镇江段、虎踞桥、江河交汇处、新河街一条街、西津渡古街等5个点）、甘露寺铁塔、隆昌寺、城上村遗址、葛城遗址、铁瓮城遗址、宋元粮仓遗址、春城土墩墓群、烟墩山墓地。焦山碑林中有“大字之祖”《瘗鹤铭》以及苏轼、黄庭坚、米芾、陆游的墨迹碑刻和摩崖石刻；南朝陵墓石刻（现存丹阳8处、24件，句容1个点、4件）是南朝石刻瑰宝。有省级文物保护单位54处，其中，有焦山古炮台遗址、相传碑文为孔子所书的延陵季子碑（唐拓本）、被誉为“江南第一钟”的唐中和铜钟、宋抗金名将宗泽墓、圌山炮台遗址等。有市、县级文物保护单位232处。

白蛇传传说、镇江恒顺香醋酿制技艺、古琴艺术（梅庵琴派）、扬剧、灯彩（秦淮灯彩）、酿造酒传统酿造技艺（封缸酒传统酿造技艺）、董永传说、佛教音乐（金山寺水陆法会仪式音乐）、道教音乐（茅山道教音乐）等9个项目先后被列入国家级非物质文化遗产名录，并有国家级非物质文化遗产项目代表性传承人6人。

全国重点文物保护单位甘露寺铁塔（孙悦萌 供稿）

全国重点文物保护单位大运河江河交汇处掠影（孙悦萌 供稿）

全国重点文物保护单位铁瓮城遗址（张瑾 供稿）

全国重点文物保护单位南朝陵墓石刻（张闻 供稿）

全国重点文物保护单位镇江英国领事馆旧址（黄晓 供稿）

省级文物保护单位延陵季子碑（孙悦萌 供稿）

【历代名人】镇江扼南北要冲，得山水之胜，钟灵毓秀，代不乏才，历代文人墨客在此留下诗篇，其中有李白、杜牧、范仲淹、王安石、苏轼、陆游、辛弃疾等。王昌龄的“洛阳亲友如相问，一片冰心在玉壶”、王安石的“春风又绿江南岸，明月何时照我还”、辛弃疾的“何处望神州？满眼风光北固楼”等成为千古绝响。东晋时期，中原鸿儒显宦纷纷南下，移居京口者众多，或完成大业，或著书立说，著名的有：南朝宋开国皇帝刘裕(寄奴)，撰有《世说新语》的刘义庆，著有《晋书》的臧荣绪，选编《玉台新咏》、诗文与庾信齐名的徐陵，中国第一部诗文总集《昭明文选》的编纂者萧统，著有中国第一部系统文艺理论巨著《文心雕龙》的刘勰等。宋代移居镇江的有：著有被誉为“十一世纪的科学坐标”——《梦溪笔谈》的沈括，制造世界上最早的天文钟“水运仪象台”的科学家苏颂，书画家米芾，抗金名将宗泽等。明清两代镇江名人有：官居华盖殿大学士、内阁首辅的杨一清，主持编修《大清一统志》《佩文韵府》《康熙字典》的张玉书。近现代以来有：著有《铁云藏龟》和《老残游记》的刘鹗，著有第一部汉语语法专著《马氏文通》的马建忠，历史学家柳诒徵，飞机制造专家巴玉藻，世界语运动开创者之一的符恼武，金融家陈光甫，辛亥广州起义总指挥、被南京临时政府追授为上将军的赵声，辛亥革命著名将领李竟成、解朝东，爱国民主人士冷遹，诗人闻捷，桥梁专家茅以升等。此外，丹阳市为三国吴大帝孙权和南朝齐高帝萧道成、梁武帝萧衍故里，近现代有爱国人士马相伯、美术家吕凤子，当代有语言学家、语文教育家吕叔湘；句容市有晋朝道教理论家、炼丹术家和医学家葛洪，南朝道教思想家、医药学家陶弘景等。

芙蓉楼外景（黄晓 供稿）

吕凤子故居外景（黄晓 供稿）

吕叔湘故居（黄晓 供稿）

冷遹纪念馆内景观（张弛 供稿）

【风景名胜】镇江为中国优秀旅游城市，是一座天然的风景名城，具有“城市山林”和“真山真水”的独特风貌，以“天下第一江山”闻名于世。主城区北部有金山、焦山、北固山，为国家AAAAA级旅游景区；南部有南山风景区，构成“城市山林”景观。西津渡古街全长1000米，存有六朝至清代的历史踪迹，有保存完好的三国东吴铁瓮城遗址，还有宝塔山公园、伯先公园、河滨公园、梦溪园、赛珍珠旧居等景点。镇江市区东部有山上矗立“万里长江第一塔”——报恩塔的圌山风景名胜区。句容市有隆昌寺、宝华山国家森林公园和茅山风景名胜区。镇江的宗教活动在全国乃至东南亚都有广泛影响，金山江天禅寺、焦山定慧寺、宝华山隆昌寺、茅山道院为全国重点寺院宫观。

国家AAAAA级旅游景区金山风景区（张弛 供稿）

国家AAAAA级旅游景区焦山风景区
左：定慧寺
右：远望万佛塔
（卞婕 供稿）

国家AAAAA级旅游景区北固山风景区
左：太史慈墓
右：俯瞰北固楼
（卞婕 供稿）

南山风景区北入口 （卞婕 供稿）

西津渡景区 （张闻 供稿）

圌山风景区 （孙悦萌 供稿）

宝塔山公园 （宋亚军 供稿）

茅山风景区 （孙悦萌 供稿）

伯先公园 （卞婕 供稿）

【方言】镇江话属于北方方言的江淮次方言，位于北方方言与吴方言两大方言的接合部，大致以谏壁为东界、上党为南界。古代镇江话属吴方言，特殊的政治、社会、交通等原因，导致方言属性产生变化。镇江话虽属北方方言范畴，但构成复杂，其中既有吴方言的遗痕，又有旗腔（类似京腔）的影响。与普通话相比，镇江话in、ing，en、eng，n、l不分；有入声调。词汇中保留着丰富的吴方言词。句容、丹徒、扬中的方言类似镇江话，虽构成复杂，但均属北方方言系统。大港以东、宝堰以南、句容傍茅山一线及至丹阳西部的语言自西向东渐次出现吴方言特点。丹阳东部则进入吴语区。

【市树、市花】1985年3月，镇江市第一届人大第三次会议决定广玉兰为市树。广玉兰属于木兰科木兰属，长绿乔木，树形优美，是优良的庭院树与观赏树。

1994年11月，市第三届人大常委会第十三次会议重新决定杜鹃花为市花。杜鹃花别名映山红、山石榴，属于杜鹃花科杜鹃花属，多为灌木或小乔木，花的颜色有红、紫、黄、白、粉、蓝等。

镇江市树广玉兰 （卞婕 供稿）

镇江市花杜鹃花 （卞婕 供稿）

【镇江名特产——镇江“三怪”】20世纪80年代以来，镇江市面上形成了“肴肉不当菜，香醋摆不坏，面锅里煮锅盖”的“三怪”俚谚。

肴肉也称“肴”，为镇江传统名特食品。特点是酥嫩易化，食之不腻；胶冻柔韧透明晶亮，故又曰“水晶肴蹄”。

香醋是镇江传统名特产品，酸而味鲜，香而微甜，存放愈久味道愈醇，不易变质。

锅盖面是镇江人的日常面食，属浓碱型面条。下面条时将小锅盖放在大锅里，面条在小锅盖下面，面锅不溍，面条筋道。镇江锅盖面汤汁和浇头品种较多。

镇江肴肉 （吴国杰 供稿）

镇江香醋 （罗秀龙 供稿）

镇江锅盖面 （逸虻 供稿）

庆祝中国共产党成立100周年、党史学习教育专辑

2021年3月5日，全市党史学习教育动员会议召开 （施伟 供稿）

2021年4月19日，省委党史学习教育第三巡回指导组在镇江市党史学习教育领导小组办公室指导工作 （施伟 供稿）

2021年7月至9月，"我为群众办实事"系列新闻发布会举行（侍欣 供稿）

2021年9月，镇江市党史学习教育图片展举办（张弛 供稿）

2021年6月27日，“红心向党 奔跑镇江”镇江市庆祝中国共产党成立100周年文艺演出举行（施伟 供稿）

奔跑镇江
立100周年文艺演出
政府
委党史学习教育领导小组办公室
广电产业集团

2021年6月5日，“百年风华•镇出发”群众歌咏大会决赛举行 （郑仕艺 供稿）

2021年6月30日，江苏科技大学“永远跟党走 唱响科大梦”庆祝中国共产党成立100周年师生大合唱比赛举行 （葛玉林 供稿）

2021年6月30日，镇江公交71路“党史学习教育宣传专线”开通 （高宇 供稿）

镇江市交通运输局党员志愿者走上船头向船员宣讲党史 （高宇 供稿）

2021年3月26日，江苏大学党委理论学习中心组到句容市戴庄村开展“学习百年党史 助力乡村振兴”活动，并向戴庄村捐赠低碾压率再生稻联合收获机 （江苏大学 供稿）

2021年6月24日，镇江高专举行大学生党史学习交流分享会 （镇江高专 供稿）

2021年5月10日，“全国五一劳动奖章”获得者、市供电公司班长李迎涛（中）上党史学习教育专题党课 （龚刚 供稿）

2021年5月29日，全国三八红旗手、全国劳动模范金素贤（右四）上党史学习教育专题党课 （宋芙蓉 供稿）

2021年6月18日，镇江高新区举办“市县联动聚合力，我为群众办实事”主题活动 （高萱 供稿）

2021年5月19日，镇江市城管局举办党史知识竞赛 （郑呈 供稿）

2021年6月，“童心向党 党史馆里学党史 夜读党史励初心”主题小队活动在中共镇江地方史馆、镇江方志馆举行 （施载欣 供稿）

2021年3月5日，镇江市委网信办开展“你用网 我用心 让你安全更放心”服务活动（网信办 供稿）

2021年6月22日，市委编办、市交通运输局举办“青春心向党 逐梦新征程”青年干部“学党史、悟思想”故事分享会 （史进 供稿）

2021年6月5日，镇江市残疾人联合会邀请部分残疾人参加庆祝中国共产党成立100周年歌咏大会 （市残联 供稿）

2021年4月14日，京口区健康路街道百名党员在红色初心亭旁重温入党誓词，学党史、颂党恩（健康路街道 供稿）

2021年“七一”前夕，润州区宝塔路街道城际商圈党委、庄泉社区党委举办“我和党旗合个影”活动（宝塔路街道 供稿）

2021年6月26日，丹徒区高桥镇“学党史 爱家乡”《高桥镇志》首发式暨新闻发布会举行 （江苏大学出版社 供稿）

2021年11月30日，润州区十年禁渔党建联盟成立 （和平路街道 供稿）

2021年，镇江新区精心布置，营造庆祝中国共产党成立100周年的浓烈氛围（贺树平 供稿）

2021年，金山公园布置庆祝中国共产党成立100周年花坛（张兴淮 供稿）

城市荣誉

2021年镇江市所获荣誉

全国脱贫攻坚先进集体

2019年度国家森林城市复检通过

第四批国家公共文化服务体系示范区

2020年度健康城市建设样板市

2020年度污染防治攻坚战成效考核优秀

江苏省打好污染防治攻坚战设区市2020年度成效考核优秀

“苏科贷”绩效评奖优秀（A类）合作地区

高血压糖尿病门诊用药保障专项行动示范城市

“农村普惠金融服务发展”项目制拓展农村改革试验任务

联合国欧经会2021年“更好重建”基础设施奖项评选入选“五强”

数说镇江

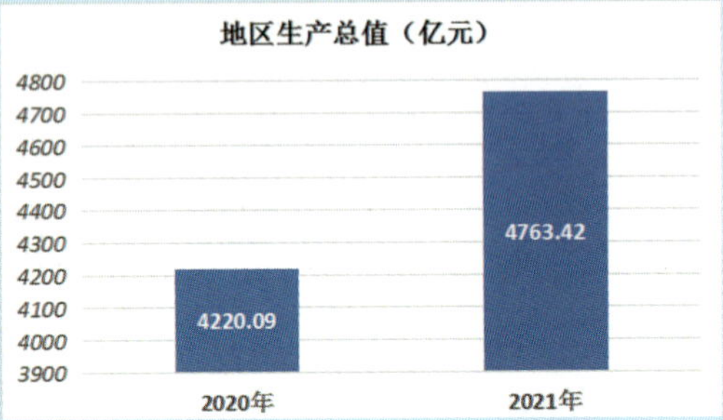
地区生产总值（亿元）
4800
4700
4600
4500
4400
4300
4200
4100
4000
3900
4220.09
4763.42
2020年
2021年

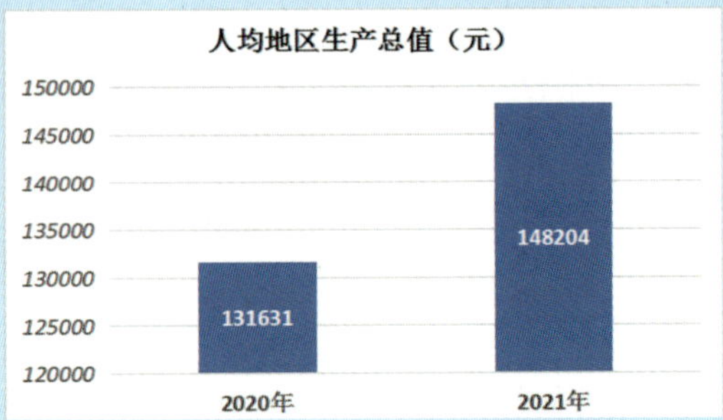
人均地区生产总值（元）
150000
145000
140000
135000
130000
125000
120000
131631
148204
2020年
2021年

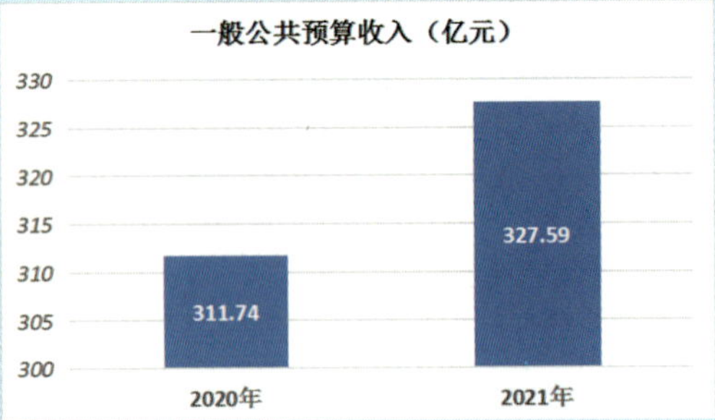
一般公共预算收入（亿元）
330
325
320
315
310
305
300
311.74
327.59
2020年
2021年

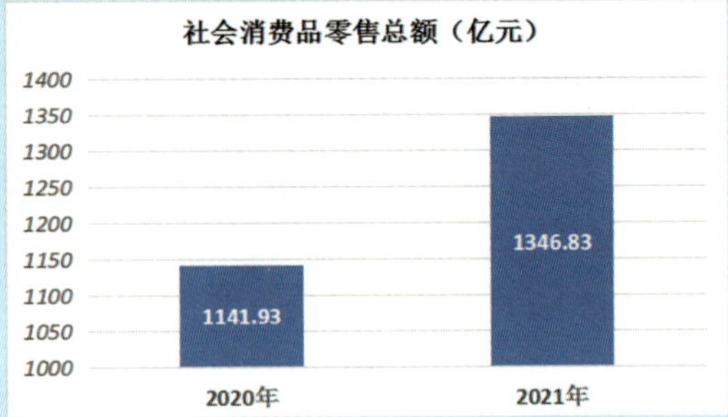
社会消费品零售总额（亿元）
1400
1350
1300
1250
1200
1150
1100
1050
1000
1141.93
1346.83
2020年
2021年

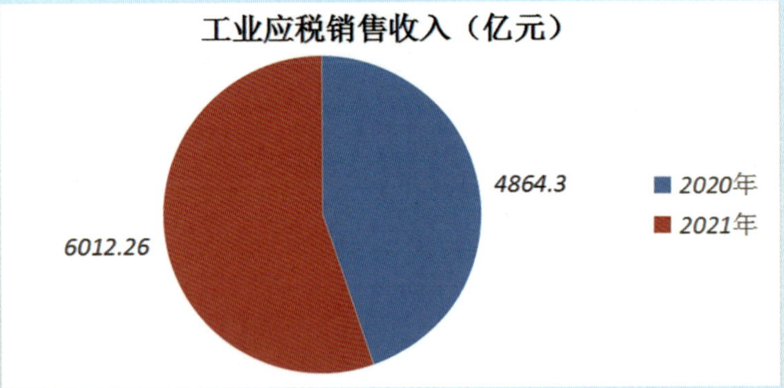
工业应税销售收入（亿元）
4864.3
6012.26
2020年
2021年

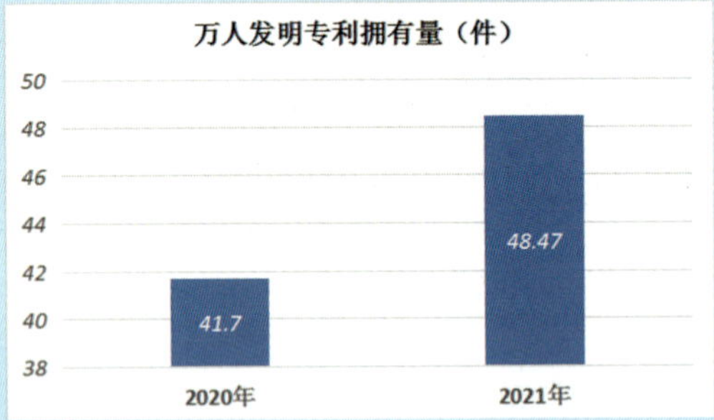
万人发明专利拥有量（件）
50
48
46
44
42
40
38
41.7
48.47
2020年
2021年

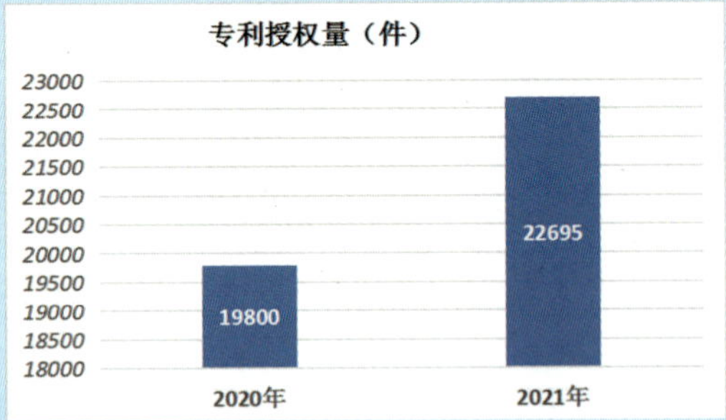
专利授权量（件）
23000
22500
22000
21500
21000
20500
20000
19500
19000
18500
18000
19800
22695
2020年
2021年

金融机构人民币存款余额（亿元）
6800
6700
6600
6500
6400
6300
6200
6100
6000
6292.05
6692.67
2020年
2021年

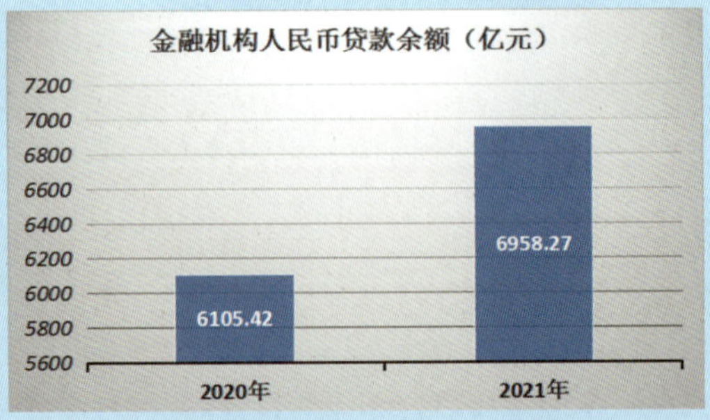
金融机构人民币贷款余额（亿元）
7200
7000
6800
6600
6400
6200
6000
5800
5600
6105.42
6958.27
2020年
2021年

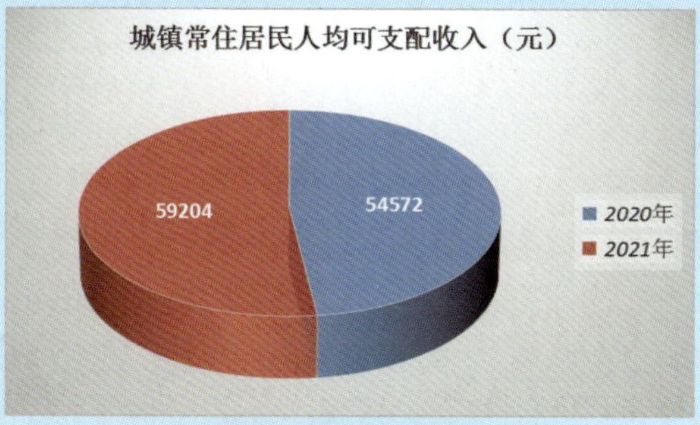
城镇常住居民人均可支配收入（元）
59204
54572
2020年
2021年

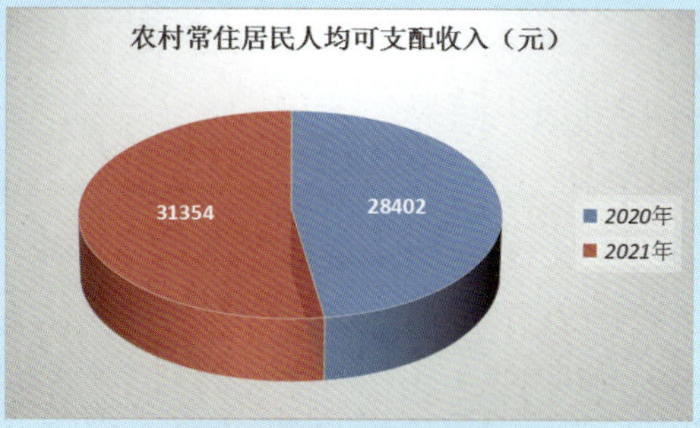
农村常住居民人均可支配收入（元）
31354
28402
2020年
2021年

城镇常住居民人均消费支出（元）
33992
28374
2020年 2021年

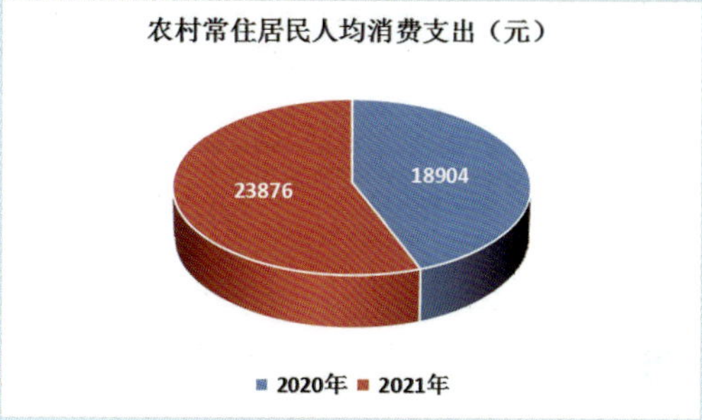
农村常住居民人均消费支出（元）
23876
18904
2020年 2021年

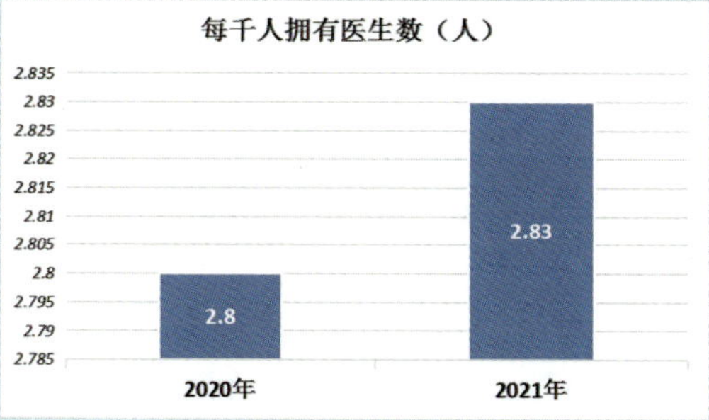
每千人拥有医生数（人）
2.835
2.83
2.825
2.82
2.815
2.81
2.805
2.8
2.795
2.79
2.785
2.8
2.83
2020年
2021年

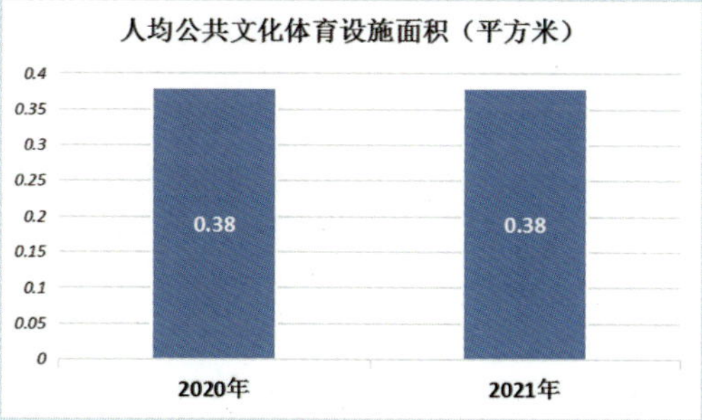
人均公共文化体育设施面积（平方米）
0.4
0.35
0.3
0.25
0.2
0.15
0.1
0.05
0
0.38
0.38
2020年
2021年

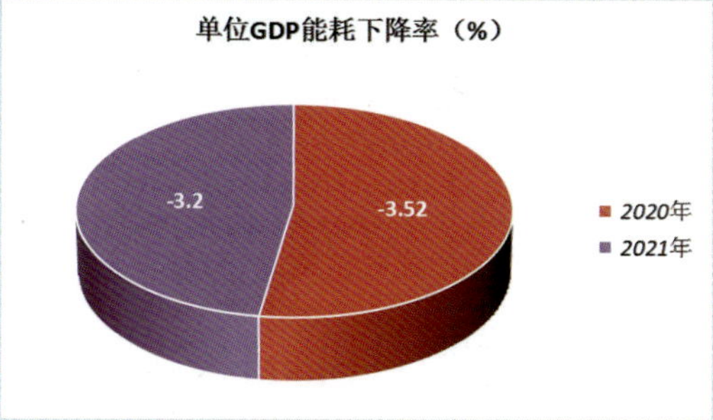
单位GDP能耗下降率（%）
-3.2
-3.52
2020年
2021年

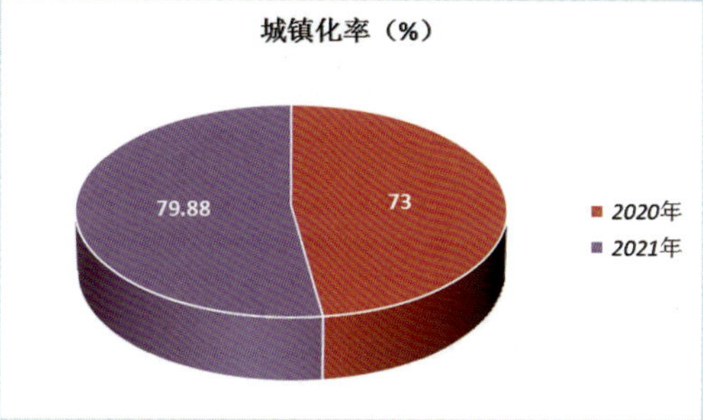
城镇化率（%）
79.88
73
2020年
2021年

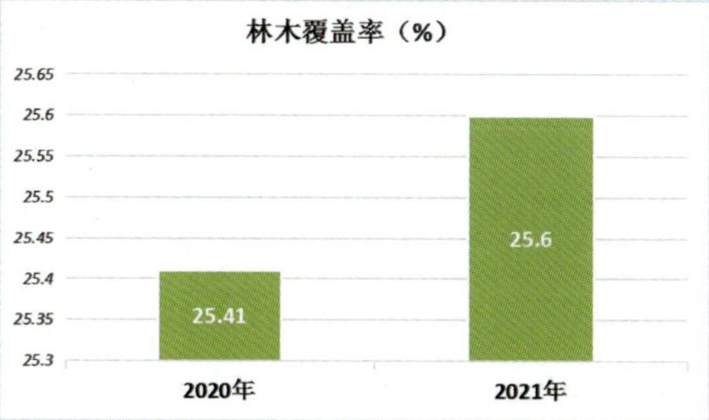
林木覆盖率（%）
25.65
25.6
25.55
25.5
25.45
25.4
25.35
25.3
25.41
25.6
2020年
2021年

市区建成区绿化覆盖率（%）
50
45
40
35
30
25
20
15
10
5
0
43.38
43.38
2020年
2021年

市（区）

丹阳市

2021年是“两个一百年”奋斗目标交汇之年，是承前启后的重大历史节点。2021年，丹阳市着力赓续百年初心，推动党史学习教育走深走实，开展庆祝中国共产党成立100周年系列庆祝活动，深入学习习近平“七一”重要讲话精神，全市上下“感党恩、听党话、跟党走”的决心空前坚定。2021年，丹阳合力共绘发展蓝图，成功召开丹阳市第十四次党代会，科学描绘现代化“智造名城、运河明珠”美好愿景，高质量完成市、镇党委换届，全市上下同心合力、加速奔跑的热情持续高涨。丹阳全力推动开局起步，综合实力、科技创新和绿色发展实力进入“全国百强县”前20位，主要经济指标实现两位数增长，一般公共预算收入突破70亿元，迈出奋进“十四五”的关键步伐。

2021年2月19日，全市机关效能深化年动员大会召开 （本版照片均由丹阳市史志办提供）

2021年12月25日，云阳大桥顺利通车

2021年4月12日，选派“红色代办员”争做“金牌店小二”活动动员部署会召开

2021年12月16日，明月镜片股份有限公司成功上市

2021年6月18日，政银企融资对接会举行

2021年12月18日，江苏省丹阳高级中学举行迁址新建奠基仪式

2021年12月23日，上海市丹阳商会成立

2021年12月23日，力合智能制造产业园项目开工奠基

2021年12月23日，2021年跨境电商主题峰会举办

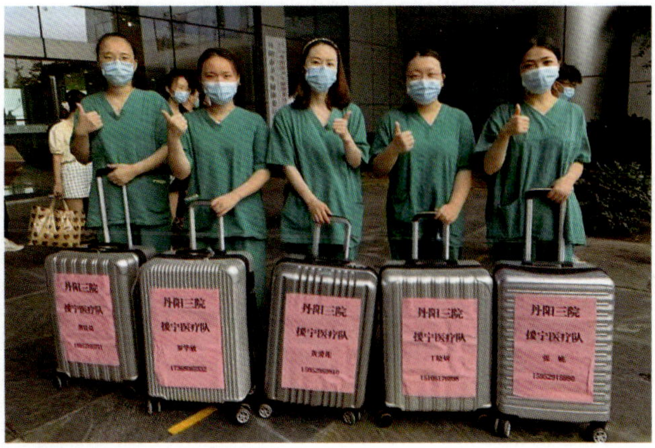

2021年，“最美逆行者”——丹阳市第三人民医院援宁医疗队

句容市

2021年，句容市坚持稳中求进工作总基调，激情奔跑、奋力争先，经济发展稳中提质，民生福祉显著改善，生态环境不断优化，转型升级稳步推进，“一福地四名城”现代化建设取得新进展。句容市实现地区生产总值736.75亿元，比上年增长9.3%。其中第一产业增加值55.54亿元、第二产业增加值313亿元、第三产业增加值368.21亿元。全市人均地区生产总值达114973元。全年实现一般公共预算收入57.64亿元，实现一般公共预算支出85.80亿元。全年全体居民人均可支配收入44497.3元，其中城镇居民人均可支配收入57253.4元、农村居民人均可支配收入28387.1元。全国综合实力百强县排名上升至第49位，列全面小康指数百强县第37位、全国县级市基本现代化指数第36位。年内，石砀山抽水蓄能电站、新加坡立邦新材料等一批重大项目签约落户。骏成电子成为本土企业创业板上市“第一股”，宝华镇、下蜀镇、郭庄镇入选全国千强镇名单。宁句城际轨道交通开通，南沿江城际铁路句容段加快施工，扬镇宁马铁路句容段规划积极推进，句容至茅山线市域（郊）铁路规划获国家发改委批复。句容站立体综合交通枢纽建设全面启动。赵亚夫获“全国脱贫攻坚楷模”称号，刘树安获评“全国优秀党务工作者”，糜林被追授为“全国道德模范”。

2021年6月12日，“福地句容杯”2021句容市红色经典诗词大赛举行（本版照片均由句容市史志办提供）

2021年4月28日，立邦新型材料华东区域生产基地建设项目一期奠基暨二期签约仪式在下蜀临港工业区举行

2021年12月28日，宁句城际快轨开通

2021年12月18日，南京至句容城际轨道交通工程开通仪式在马群站站厅举行

2021年，省级示范家庭农场郭庄镇舒心家庭农场全景

2021年5月18日，茅山景区举办“非遗展演进景区”活动

2021年，新句容市人民医院（江苏人医句容分院）正式运营

扬中市

2021年，扬中市实现地区生产总值550.77亿元，同比增长11.1%；完成一般公共预算收入38.01亿元，增长8.55%；城乡居民人均可支配收入分别达6.52万元和3.58万元，增长8.6%和10.3%。获评江苏省“推进高质量发展先进市”，列全国绿色发展百强县（市）第7位、中国城市基本现代化指数第24位。聚力产业强市，经济发展稳中有进。智能电气、新能源、汽车零部件、临港装备制造四大产业规模以上产值达488.94亿元。新增“四上”企业184家，净增高新技术企业30家。组建新型电力（新能源）装备产业联盟。蜂巢易创第1000万台发动机下线。威腾股份、大全能源在科创板上市，通灵股份募集资金规模创镇江IPO新纪录。美科太阳能入选2021全球“独角兽”榜，亿阀集团实现扬中企业主导修订国际标准“零的突破”。聚力乡村振兴，城乡融合速效齐升。新增高标准农田3000亩，特种水产养殖面积占比88%，获评“国家级电子商务进农村综合示范县”。持续推进农村人居环境整治，获评“全国村庄清洁行动先进县”，2个村入选“全国乡村治理示范村”。聚力文明创建，城市品质更富内涵。启动实施文明城市创建“三年行动”，推进新时代文明实践全国试点。大型原创锡剧《太平洲上》入选省紫金文化艺术节汇演剧目，“江岛一日游”入选省乡村旅游精品线路。

2021年3月30日，江苏省召开2020年度高质量发展总结表彰大会，扬中市被省委、省政府授予“推进高质量发展先进市”称号（本版照片均由扬中市融媒体中心提供）

2021年2月15日，重点项目观摩推进会暨新坝镇（高新区）项目集中签约活动举行

2021年2月7日，产业强市暨优化营商环境大会召开

2021年6月27日，“两优一先一示范”表彰大会暨《信仰的力量》情景党课举行

2021年6月12日，长城汽车蜂巢动力第1000万台发动机下线仪式及未来规划发布会举行

2021年3月13日，第十八届河豚文化节启动仪式举行

2021年10月30日，第二届“烟头不落地 扬中更美丽”活动启动

2021年，丰裕中心小学举行百幅“剪”史悟党情•百米长卷颂党恩活动

2021年，渡江文化园广场雕像景观

丹徒区

2021年，丹徒区紧密团结和依靠全区人民，坚持稳中求进，践行新思想、勇担新使命、展现新作为，持续巩固新冠肺炎疫情防控和经济社会发展成果，抓紧抓实“十四五”和新征程开局各项工作，加压奋进、加速奔跑。全年地区生产总值461.07亿元，增长9.5%；一般公共预算收入24.38亿元，增长2%；规模以上工业增加值123亿元，增长12.8%；固定资产投资103亿元，增长12.2%；规模以上工业总产值452亿元，增长23.4%；工业应税销售547亿元，增长27.3%；社会消费品零售总额73亿元，增长16.3%；城镇和农村居民人均可支配收入分别达到57971元和28258元，增长8.2%、10.2%。全年120个产业项目实际完成投资116亿元。签约亿元以上项目56个，总投资287亿元，项目落地率、列统率均高于全市平均水平。

2021年5月10日，丹徒区重点产业投资推介暨项目集中签约仪式举行（本版照片均由丹徒区史志办提供）

2021年10月1日，“丹心庆华诞 逐梦新征程”同升国旗同唱国歌活动在丹徒区广场举办

2021年6月20日，庆祝中国共产党成立100周年文艺演出举办

2021年12月22日，镇江港润祥LNG加注站码头运行启动仪式举行

2021年9月16日，中国•镇江国际菁英创业大赛丹徒选拔赛举办

2021年7月13日，共建智能电动汽车研究院签约仪式举行

2021年9月3日，“践行新思想 助农办实事”网络直播活动举行

2021年9月29日，“日光•世业洲”康养农旅综合体项目签约仪式举行

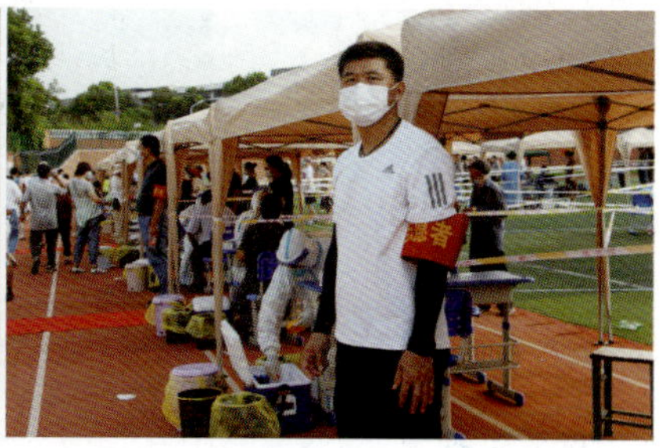

2021年，全员核酸检测应急演练志愿服务

2021年，华村湖周边丰收美景

京口区

2021年，京口区确立争先目标，创新实干、奋力奔跑，实现收好官、开好局。全年完成地区生产总值505亿元，增长10.5%；实际利用外资5168万美元，增长67.3%；社会消费品零售总额290亿元，增长22.1%；规模以上工业总产值506亿元，增长40%，创历史新高。全年新签约项目数量和投资体量均大幅增长，重点项目与产业链契合度达72%，微软、华为等头部企业相继落地，建设数字经济发展高地实现破题开篇，产业升级迈出新步伐。精心推进“美丽京口”建设，顺利完成老旧小区改造、物业管理提升、综合环境治理等各方面工作；全力落实“十项民生实事”，持续保障和改善民生。

2021年5月19日，京口区产业强区暨项目招引突破年动员大会召开 （本版照片均由京口区史志办提供）

2021年3月1日，京口区产业项目集中签约仪式举行

2021年3月29日，微软—云暨移动技术孵化计划镇江数字经济创新中心启动运营

2021年4月14日，紫金农商银行百亿授信为京口区企业注入“金融活水”

2021年10月28日，诺贝丽斯轻量化高端汽车铝板项目落户京口区

2021年6月30日，京口区庆祝中国共产党成立100周年合唱比赛举行

2021年6月1日，镇江市网络安全事件应急实战演练在京口区举行

2021年6月4日，镇江市“六五”世界环境日主题宣传活动在京口区举行

2021年，镇江市首个数字经济党群人才服务中心

2021年，新民洲打造中国木业第一港

润州区

2021年末，润州区土地总面积113平方千米。辖七里甸街道、官塘桥街道、宝塔路街道、和平路街道、金山街道、韦岗街道、南山街道7个街道和镇江市黄山园艺良种场、镇江市水产养殖试验场、润州茶场等3个场圃，共4个行政村、48个社区。2021年实现地区生产总值290亿元，增长9%，一般公共预算收入12.82 亿元；社会消费品零售总额135亿元，比上年增长20%，城镇居民人均可支配收入达5.9万元，增长20%。2021年末，润州区实有人口户数104821户、户籍人口241939人（男性120544人、女性121395人）。2021年，润州区死亡人口1144人、出生人口1062人。

2021年9月14日，省、市领导参加万科社区“有事好商量”协商议事活动 （本版照片均由润州区史志办提供）

2021年7月28日，中国共产党镇江市润州区第九次代表大会开幕

2021年9月30日，“官塘创新社区高质量发展行动”启动仪式暨城市设计、产业规划成果发布会举行

2021年2月24日，润州区城市经济高质量发展大会召开

2021年8月17日，“我为群众办实事”系列新闻发布会举行

2021年6月17日，优化营商环境，打造“润州最滋润”服务品牌

2021年6月17日，为“光荣在党50年”老党员代表颁发纪念章

光华朱方路社区瑞和居家智慧养老服务中心建成

2021年6月17日，庆祝中国共产党成立100周年文艺活动举行

镇江新区

2021年，镇江新区全年实现地区生产总值775.89亿元，增长10.9%；工业应税销售1104亿元；规模以上工业增加值增长13%；一般公共预算税收收入增长9.4%；社会消费品零售总额增长16.5%。守牢风险底线，安全稳定基础更实。全年$PM_{2.5}$平均浓度比上年下降5.4%，国考、省考断面水质达标率100%。聚焦项目建设，产业发展成色更足。全年新签约10亿元以上项目16个，30亿元以上项目6个；新开工亿元以上产业类项目50个，完成固定资产投资187亿元、制造业投资140亿元，实际使用外资完成市下达目标任务。深化改革创新，体制机制活力更强。深化国企市场化改革，打造“企业安全风险点管控责任手册”机制，加快形成可视可追溯的安全责任体系。坚持以民为本，民生幸福底色更浓。深入推进新“7+2”民生实事，完成老旧小区改造2.74万平方米，建成家门口的公园广场6.2万平方米，农村居民人均可支配收入增幅居全市前列。强化政治建设，干事创业环境更清。扎实开展党史学习教育，分两批次在全区开展基层组织加强政治建设专项行动，解决群众最关心的环境整治、民生改善等方面难题308件。

2021年4月9日，日丰集团新型应用材料华东研发生产基地项目落户镇江新区 （招商中心 供图）

2021年2月2日，镇江新区举行“聚焦重大项目，聚力外资突破”亿元以上制造业项目集中签约暨全球招商合作发布会 （马镇丹 摄）

2021年3月27日，镇江新区开展“十四五”科技人才新政发布暨知名人力资源机构看新区活动 （马镇丹 摄）

2021年4月7日，航天海鹰（镇江）特种材料有限公司大飞机复合材料发展论坛在银山剧场举办 （新闻中心 供图）

2021年4月1日，第四届黄明旅游文化节开幕式举行 （马镇丹 摄）

2021年，镇江新区瑞湖 （汪文翔 摄）

2021年，镇江新区圌心大厦（汪文翔 摄）

2021年，镇江新区“7+2”民生事实之丁岗万欣广场 （廖竟成 摄）

2021年，装扮城市美景 点亮大众夜景 （韩飞 摄）

2021年，镇江新区万事达高性能围护系统智能制造基地项目 （余晨雨 摄）

镇江高新区

2021年，镇江高新技术产业开发区全面落实中央和省委、市委各项决策部署，团结带领全区上下勇担“争当创新发展‘先行军’，打造科技创新策源地，加快成为镇江发展‘活力标杆’”时代使命，围绕“城市发展新空间、新兴产业承载地、创新驱动主引擎”的发展定位，推动“十四五”发展实现良好开局，现代化建设新征程迈出坚实步伐。核心区地区生产总值比上年增长9.1%；一般公共预算收入增长5.1%；固定资产投资增长17.2%；居民人均可支配收入增长8.1%。产业基础持续夯实，全年招引亿元以上产业项目29个，总投资131亿元，其中10亿元以上项目3个。半导体及通信产业园全面开园，团山睿谷主体建筑实现封顶，智能制造产业园、高端装备产业园等产业载体建设加快推进。创新能力不断增强，高新技术产值占规模以上工业产值比重65%，中国自主研发的首台全球最小缸径船用低速双燃料发动机在中船动力成功交付，国内第一艘自主设计建造的液态硫磺运输船在镇江船厂下水。人才工作提质增效，出台《加快打造人才集聚创新发展活力标杆17条》，成功举办第五届“镇江高新区杯”创新创业大赛，影响力进一步提升。

2021年6月30日，“风华百年 红心向党”庆祝中国共产党成立100周年主题党日活动举行

2021年3月16日，党史学习教育动员会暨2021年度党建、纪检工作会议召开 （本版照片均由高新区管会办公室提供）

2021年4月15日，年轻干部派驻企业一线，助力“产业强区”一号战略

2021年12月29日，领导干部务虚会召开

2021年12月30日，全区领导干部警示教育大会召开

2021年8月18日，中共镇江高新区代表会议召开

2021年2月26日，2021年重点产业项目集中开工活动启动

2021年4月15日，中国自主研发的低速双燃料发动机CX40DF首台机交付

2021年10月15日，丹佛斯二期扩建项目竣工暨镇江绿色低碳园区开园仪式举行

2021年4月，“镇江高新区杯”创新创业大赛举行

2021年7月8日，创新创业大赛澳门分站赛暨中国•镇江国际菁英创业大赛选拔赛在澳门举办

2021年4月，国内第一艘自主设计建造的液态硫磺运输船在镇江船厂下水

2021年，“网眼看镇江 聚焦加速跑”首站走进镇江高新区

2021年4月15日，“高新创业，拎包开办”优化营商环境

2021年4月，中船动力通过省科技成果转化项目验收

2021年9月15日，“我为群众办实事”新闻发布会召开

2021年5月21日，“便民接待日”活动开展

2021年年底，金牛山公园项目步入功能调试及收尾阶段

2021年，团山睿谷项目建设成果

ZHENJIANG
TUJIAN
(2022)
JINGJI
JIANSHE
PIAN

镇江图鉴（2022）
经济建设篇

综 述

【概况】2021年，镇江市实现地区生产总值4763.42亿元，按可比价格计算，比上年增长9.4%。其中，第一产业生产总值157.02亿元，增长3.4%；第二产业生产总值2319.73亿元，增长10.7%；第三产业生产总值2286.67亿元，增长8.6%。三次产业比例调整为3.3∶48.7∶48.0。全市人均地区生产总值14.82万元，增长9.2%。投资增速稳步提升。全年固定资产投资比上年增长8.7%，其中，港澳台及外商投资增长18.9%，民间投资增长8.3%。从三次产业看，第一产业投资增长10.9%；第二产业投资增长22.0%，其中制造业投资增长24.3%；第三产业投资下降0.7%。全年分别完成高技术产业投资和工业技术改造投资192.50亿元和138.39亿元，分别占工业投资的38.0%和27.3%，分别增长22.3%和4.1%。

2021年度镇江市产业强市十件大事（新闻）

1. 多纬度发力 点线面并进 全市重大项目建设吹响奔跑“集结号”
2. 优化营商“软环境”铸就发展“硬实力”——全力打造“镇合意”营商环境服务品牌
3. 启动人才“镇兴”行动，实施“金山英才”计划、大学生“聚镇”计划，赋能产业强市
4. 加快推进“四群八链”建设 谱写产业强市新篇章
5. 企业失信修复“镇江模式”在全省推广
6. 加快推进园区整合 谋划打造重点片区
7. 资本市场“扬帆计划”打造企业上市新高地
8. 项目招引创新高
9. 镇江市扎实推进知识产权、标准化、质量强市三大战略助力产业强市
10. 绿色先行，书写“双碳”战略镇江答卷

【发展规划】2021年，镇江市完成地区生产总值4763.42亿元，比上年增长9.4%；一般公共预算收入327.6亿元，增长5.1%；固定资产投资增长8.7%；规模以上工业增加值1240.9亿元,增长15.1%；社会消费品零售总额1346.8亿元，增长17.9%；城乡居民人均可支配收入分别为59204元和31354元，分别增长8.5%和10.4%。镇江市围绕长江经济带、长三角一体化、宁镇扬一体化建设等战略机遇，举办首届南京都市圈创新合作大会；开工建设312国道宁镇段快速化改造、346国道城区段城市化改造工程。“宁句城际”建成通车。出台《全市开发园区整合优化提升工作方案》，确立未来10～15年重点打造的重点片区。编制镇江市“十四五”规划纲要，统筹推进56个“十四五”市级专项规划。市发改委打造“镇合意”服务品牌，梳理31条“干货”举措，打造“周六我在岗”等特色

做法。强化社会信用体系建设，清理退出严重失信主体3646个，严重失信主体占比率下降1.07%，低于全国、全省平均水平，全国城市信用监测排名升至第31名。全面推进人才“镇兴”计划，建设人才工作站225家，新增省“双创计划”人才24人、团队1个，新引进市“金山英才”计划人才92人，实施项目80个。稳就业、保就业，城镇新增就业59749人。镇江市统筹发展与安全，应对输入性新冠肺炎疫情和周边地区聚集性疫情，防范化解社会风险。生态环境质量提升，$PM_{2.5}$年均浓度改善5.3%，地表水国考断面优Ⅲ比例全省第一名。做好长江大保护工作，扬中兴隆港环境污染等19项国家、省级长江经济带生态环境存量问题整改完成。举办第五届国际低碳（镇江）大会暨碳达峰碳中和2021金山峰会，园区低碳循环化改造经验全国推广。深入实施乡村振兴战略，教育、医疗水平有提高，推进文化、体育等与人民生活相关的重点任务。

2021年9月17日，全市重大产业项目观摩推进会召开　（马镇丹 供稿）

市委、市政府召开全市重大产业项目观摩推进会

2021年9月17日，市委、市政府召开全市重大产业项目观摩推进会。会议以视频会议形式召开，各市、区和镇江新区、高新区设分会场。与会人员观看项目建设专题片，并通过移动“云视讯”实时视频观摩项目现场。

市委书记马明龙讲话强调，要释放紧抓产业强市“一号战略”的强烈信号，深入分析当前全市经济运行和项目建设形势，进一步理清思路，提升项目质量，优化服务，推动各地各部门比学赶超、争先进位，乘势而上推进项目建设再上新台阶，以更好的工作业绩和工作状态迎接市第八次党代会胜利召开。

2021年2月18日，镇江市产业强市暨优化营商环境大会召开（王朋 供稿）

南京都市圈创新合作大会暨高校院所走进镇江产学研对接活动在镇江举行

2021年5月29日，由江苏省科技厅、南京市政府、镇江市政府主办，以“共建共享、共融共赢”为主题的2021年南京都市圈创新合作大会暨高校院所走进镇江产学研对接活动在镇江市举行。江苏省科技厅与安徽省科技厅签订“南京都市圈外国人才来华工作许可互认框架合作协议”；“南京都市圈科技创新生态图谱”平台宣布上线。

2021年5月29日，南京都市圈创新合作大会暨高校院所走进镇江产学研对接活动现场（汪露 柳放 供稿）

2021年3月26日，全市人才“镇兴”大会召开 （市委组织部 供稿）

2021年10月14日，2021招才引智“镇江日”系列专场活动举行 （市委组织部 供稿）

【产业能级提升】2021年，镇江市构建项目全生命周期管理体系，全年新签约项目257个、计划总投资1433亿元，当年入库列统项目占比54.5%，比上年提高13.9个百分点；日丰新型应用材料华东研发生产基地、华为（镇江）数字创新产业园等一批项目落地。284个市重大产业项目完成投资575亿元。释放科技创新带动力，发布“揭榜挂帅”重大技术需求17项、发榜金额1700万元，实施关键核心技术攻关项目180余项。新认定高新技术企业376家，鱼跃医疗、和成显示等企业获全国专利金奖。启动资本市场“扬帆计划”，新增上市企业4家，上市挂牌企业实现股票融资57.6亿元。

“大全能源”在上海证券交易所科创板挂牌上市

2021年7月22日，新疆大全新能源股份有限公司在上海证券交易所科创板成功挂牌上市。股票简称“大全能源”。大全能源与镇江扬中大全集团为同一实际控制人。大全能源专注于为光伏及半导体行业提供高纯多晶硅原料。

2021年7月22日，“大全能源”在上海证券交易所科创板挂牌上市现场（柳放 供稿）

2021年3月，同力日升机械股份有限公司成功上市（丹阳经济开发区 供稿）

丹阳经济开发区两家企业成功上市

丹阳经济开发区内的同力日升机械股份有限公司和明月镜片股份有限公司分别在2021年3月和12月上市。

丹阳经济开发区1993年升格为省级经济开发区，建有生命健康产业园、日本（丹阳）汽车零部件产业园、精密制造产业园、航天航空产业园、高新技术创业园等特色产业园区，是丹阳的重要对外开放窗口、主要工业经济集聚区。2021年，完成地区生产总值369.75亿元，同比增长11.2%，一般公共财政预算收入20.68亿元，同比增长8%；完成工业应税销售471.97亿元，实现制造业投资37.38亿元，实际利用外资6235万美元。

2021年，丹阳经济开发区西部园区（生命健康产业园）（丹阳经济开发区 供稿）

两个数字项目落户京口区大禹山创意新社区

2021年6月24日和11月12日，倍赛数字AI标注研发平台项目、在途科技数字化运营中心项目分别签约大禹山创意新社区。大禹山创意新社区是市政府批准成立的高新技术产业园区。依托全国第一个以数字经济为主题的微软—云暨移动技术孵化计划——镇江数字经济创新中心，全年引进孵化动漫、工业互联网、人工智能等新业态新领域的初创团队20家，累计投入近800万元对企业进行技术赋能。17个市、区重点产业项目有序推进，全年签约倍赛数字AI标注研发平台、在途智汇商旅服务平台、奥拉文创平台等16个重大产业项目。获评2021—2022年度江苏省电子商务示范基地，入选2021年度省级文化产业示范园区创建单位、2021年度省级信息技术应用创新先导区储备培育对象名单。

2021年6月24日，倍赛数字AI标注研发平台项目签约现场 （本版照片均由大禹山创意新社区提供）

2021年11月12日，在途科技数字化运营中心项目签约现场

2021年10月21日，镇江市企业家沙龙数字经济专场在镇江数字经济创新中心举办

2021年，微软—云暨移动技术孵化计划——镇江数字经济创新中心

2021年，京口区大禹山创意新社区入选2021年度省级文化产业示范园区创建单位（象山街道 供稿）

2021年，位于润州区官塘桥村的"智慧官塘"产业楼，企业入驻率达100%（官塘桥村 供稿）

【财政】2021年，镇江市实现一般公共预算收入327.59亿元，比上年增长5.1%，其中税收收入256.05亿元，增长8.0%；非税收入71.54亿元，下降4.1%。从主要税种看，增值税增长5.4%；企业所得税增长21.6%，个人所得税增长16.1%。全年实现一般公共预算支出543.40亿元，增长8.9%，其中一般公共服务49.14亿元，增长9.9%；教育支出84.47亿元，增长4.2%，社会保障和就业支出65.77亿元，增长5.5%；医疗卫生支出37.82亿元，增长20.8%。对先进制造业按月退还增值税增量留抵税额，全市办理留抵退税近20亿元。全面取消港口建设费，延续实施阶段性降低失业保险费率、工伤保险费率等政策，市直全年减轻企业负担4.2亿元。市直安排专项资金3亿元，加大对重点产业集群、"镇江制造"大企业培育等的投入力度，推动《关于实施人才"镇兴"行动建设人才集聚福地的若干意见》等政策落地。

全面落实各类民生保障政策，将城乡居民基本养老保险基础养老金财政补助标准、城乡低保补助标准分别提高至人均210元/月和820元/月，将基本公共卫生服务财政补助标准、城乡居民基本医疗保险财政补助标准分别提高至人均88元/年和680元/年。中央财政全年下达镇江直达资金12.2亿元，年度支出进度为94.8%。

2021年一般公共预算收入和支出分项情况表

指　标	绝对值（亿元）	比上年增减（%）
一般公共预算收入	327.59	5.1
# 税收收入	256.05	8.0
# 增值税（50%）	113.92	5.4
企业所得税（40%）	39.21	21.6
个人所得税（40%）	12.18	16.1
房产税	12.55	8.2
印花税	3.88	11.2
契税	7.24	41.1
一般公共预算支出	543.40	8.9
# 一般公共服务	49.14	9.9
教育	84.47	4.2
科技	14.32	-13.8
社会保障和就业	65.77	5.5
医疗卫生	37.82	20.8
环境保护	13.98	-8.8

【税务】2021年，镇江市税务系统组织各项税费收入660.96亿元，比上年增长17.81%。其中，税收收入465.9亿元，增长9.05%；社会保险费收入172.4亿元，增长43.36%；其他非税收入22.66亿元，增长67.06%。完成地方一般公共预算税收256.31亿元，增长8.02%。

全年增值税入库228.14亿元，增长5.54%，其中，全年实现免抵调库30.9亿元，增收6.85亿元，增长28.48%。企业所得税入库99.95亿元，增长21.26%。个人所得税入库30.71亿元，增收4.3亿元，增长16.28%。

2021年，地方“十税”六增四降，入库收入90.84亿元，增长5.09%。全市税收增量贡献最多的行业依次为制造业、批发和零售业、金融业，分别入库税收206.11亿元、51.5亿元和39.59亿元，分别增收34.68亿元、9.32亿元和12.47亿元，3个行业合计增收56.47亿元，对全年税收增长贡献较大。房地产业，租赁和商务服务业，电力、热力、燃气及水的生产和供应业分别入库74.53亿元、15.02亿元和10.94亿元，分别下降10.86%、16.57%和25.43%，减收幅度较为明显。从总体情况看，全市第二产业税收收入245.92亿元，增长13%，税收占比52.78%（其中工业税收218.63亿元，增长16.35%）；第三产业税收收入219.64亿元，增长4.97%，税收占比47.14%。

【国有资产管理】2021年，镇江市人民政府国有资产监督管理委员会（以下简称“市国资委”）以国企改革三年行动为统领，推动改革措施落实落地，市属企业主要经济指标向好发展。2021年年末，市国资委监管企业的资产总额5012亿元，比上年增长5.50%；负债总额3104亿元，下降0.03%；所有者权益1908.2亿元，增长15.92%；平均资产负债率61.93%，下降1.29个百分点；全年实现营业收入486亿元，增长34.86%；利润总额46.4亿元，增长80.54%；上缴税费18.8亿元，增长40.3%。市国资委组织开展镇江市第六期“169工程”人才选拔申报工作，评选学术技术带头人8人、学术技术骨干35人和学术技术新秀31人。

国有企业制度体系建设。镇江市国资系统推动国有企业任期制和契约化管理，向9家一级企业、113个内设机构的196人次下发聘文，明确聘期，签订目标责任书；91家充分竞争商业类子公司层层签订经营业绩责任状，164人次经理层成员落实聘用合同；8家职业经理人试点企业的25名职业经理人重新签订劳动合同、聘用合同书、承诺书。推行员工公开招聘、管理人员竞争上岗、末等调岗和不胜任退岗等制度，一级企业新进员工全部通过公开招聘产生；实现内部选聘与公开竞聘相结合，公开竞聘上岗产生中层及后备人才22人。修订完善监管企业经营业绩考核与薪酬管理暂行办法和实施方案，强化分类管理，将监管企业分为竞争性企业和专项性企业，考核指标实行“一企一策”，突出不同类型企业的考核重点；进一步强化激励约束，按类别对考核结果进行排名，排第一名的，绩效年薪上浮5%，排倒数第一名且总分低于100分的，绩效年薪下调5%；对副职负责人考核结果实行强制分级。深化分配制度改革，指导企业建立以岗位管理和合同管理为核心的薪酬制度体系，全面推行全员绩效考核，分类确定可量化的绩效考核指标，按业绩贡献决定薪酬。明确分配导向，引导企业优化内部员工薪酬分配，强化核心关键人才薪酬激励，注重向生产一线工作岗位倾斜。

2021年4月上海国际车展期间，北汽、麦格纳和华为合作打造的首款车型极狐阿尔法S版和华为版发布 （柳放 供稿）

重点项目发展情况。市属企业64个对外投资项目中80%以上都是主业投资或主业上下游产业链拓展项目。推进国控集团金融板块投资、城建集团尾矿砂取砂销库、索普集团基地选址、恒顺集团黄酒料酒、泓润科技餐厨二期等项目。东普科技公司由国控集团整合至索普集团，推动上下游产业链延伸发展；海纳川公司重组整合完成。专业化公司运行较好，全年实现营收32.8亿元，比上年增长97.6%，利润3亿元。运用镇江央（国）企合作联盟平台，举行数字化转型赋能产业强市发展推进会。市委主要负责人与国机集团、中国航发等央（国）企主要负责人通过视频连线方式会晤洽谈，促进项目合作。总投资258亿元的华电综合能源示范项目签约。

资产证券化发展情况。镇江市国资系统完成索普股份重大资产重组和非公开发行A股股票工作，发行股票数量1.19亿股，募集资金总额9.93亿元，主要用于醋酸造气工艺技术提升建设项目，优化持股比例和资产负债结构。推动恒顺醋业实施股权激励计划，围绕“做深醋、做高酒、做宽酱”三大核心主业发展，提升公司产品市场竞争力。索普非公开债券发行、恒顺非公开股票发行。做强金融投资，国控集团参与股权和基金投资，投资和公允价值变动收益超10亿元。

监管效能建设。镇江市国资系统修订监管事项责任清单、投资负面清单、经营业绩考核与薪酬管理等多项制度。加强投资监管，落实前期投资尽职调查、专家评估等工作，按照“三重一大”规定履行投资决策程序。加大项目后续监管力度，对新增项目和续建项目的工程进度、形象，按时间节点予以督查，实现对外投资全过程监管。建立完善镇江国资监管信息平台，对企业产权登记数据信息、资产情况进行全面自查。加强融资平台公司全口径债务监测管控，将债务约束指标纳入企业年度经营目标责任状，开展“融资成本削峰计划”，降低存量债务融资成本，在保持流动性的前提下，优化市属企业融资成本、品种、期限结构。做好融资平台公司融资分类管控，设定企业资产负债率上限，将资产负债率保持在合理区间。加强对高成本融资、担保、借款的审核把关。强化安全生产监管，制定完善“共性+个性”安全生产责任考核评价体系，常态化开展安全隐患排查整治，开展各类安全检查25次，发现问题和隐患329条，全部整改完成。

2021年12月25日，东南大学校友经济产业园先导区（镇江）开园仪式举行 （柳放 供稿）

【审计】2021年，镇江市审计机关完成审计项目（调查）176个，查出主要问题金额697.89亿元，审计处理处罚金额85.1亿元，促进整改落实问题金额53.29亿元，审计建议获采纳406条。落实审计实务“导师制”人才培养方案，对全市26名年轻审计人员开展“导师制”结对，增强审计人员的实战能力，2人入选联合国审计人才库，1人连续两年赴联合国实施审计项目。

《镇江连云港工业园区高质量发展总体方案》获省批复

2021年11月，省委办公厅、省政府办公厅批复《镇江连云港工业园区高质量发ⅰ体方案》，支持镇江连云港工业园区开展省级南北共建园区高质量发展创新试点，加ⅰ建成全省南北优势互补、共建共享的创新示范区。园区位于连云港市灌云县城区南部，规划面积6.12平方千米。

2021年，位于灌云县的镇江连云港工业园区 （柳放 供稿）

“官塘创新社区高质量发展行动”启动仪式暨城市设计、产业规划成果发布会举行

2021年9月30日，“官塘创新社区高质量发展行动”启动仪式暨城市设计、产业规划成果发布会举行。正式发布“核心区城市设计”和“产业定位研究”成果，全面启动“官塘创新社区高质量发展行动”。

2021年9月30日，“官塘创新社区高质量发展行动”启动仪式暨城市设计、产业规划成果发布会现场 （柳放 供稿）

镇江两个国家级开发区同时摘得自贸区“金字招牌”

2021年6月，全省自贸区试验区联动创新发展区工作会议上传来喜讯，镇江经开区、镇江高新区两个国家级开发区成功创成中国（江苏）自贸区联动创新发展区，这将有利于镇江市开发区加快复制江苏自贸区的政策和改革经验，增强联动创新与自主创新能力，进一步提升镇江市营商环境。

2021年，镇江经开区掠影（钱小平 谢红星 供稿）

2021年，镇江高新区掠影 （卞婕 供稿）

2021年5月17日，中国自主研发的低速双燃料发动机CX40DF首台机在镇江交付 （文雯 供稿）

2021年2月4日，全国首个方舱式5G共享机房在镇江五峰山储能电站投运（宋伟 供稿）

2021年3月30日，第一艘由国内设计建造并且悬挂中国国旗的液态硫磺运输船在镇江下水 （石小刚 供稿）

2021年12月7日，国内最大质粒商业化生产车间在镇江投产 （柳放 供稿）

农业

【概况】2021年，镇江市农林牧渔业生产均有不同程度增长。全市高标准农田建设项目立项治理面积3066.67公顷，建设高效节水灌溉面积133.33公顷，项目总投资10017.5万元。在新冠肺炎疫情防控中，构建市、县、镇、村四级农村防控网络，镇江市成为全省唯一农村地区无确诊病例的设区市。开展长江禁捕退捕成果明显，建立健全长效管理机制、完善四级沿江禁捕网格体系、搭建全市渔政禁捕执法监控平台、签订跨水域跨部门联合执法工作协议。江苏润果农业发展有限公司“润果九渡”和江苏嘉贤米业有限公司“嘉贤鸭稻”等2个农产品品牌入选江苏农业品牌目录，“丁庄葡萄”入围全省30强农业知名品牌大赛。句容市入选全国第五批率先基本实现主要农作物生产全程机械化示范县（市、区）、第二批全国农作物病虫害“绿色防控示范县”，丁庄万亩葡萄合作联社入选全国第二批农民合作社典型案例，“丁庄葡萄”被编入《美味中国——2021全国品牌农产品日历》。

2021年，镇江市公共资金使用中农林水支出预算22.7亿元，占全年一般公共预算支出的5.8%。全市涉农贷款余额2318.37亿元，比年初增加256.96亿元，增长11.52%。出台《镇江市2020年乡村产业重大项目招引奖励实施细则》，全市乡村产业招引协议资金、投资总额超1000万元以上项目，分别完成全年任务的428.7%和206.7%。开展第二届“十佳”农民评选，完成农民培训7045人次。全市新增省级“示范家庭农场”29家，新增市级示范社32家。全市农机总动力超153万千瓦，农业机械化水平89%以上，其中特色农业机械化率52%以上。“蔬菜机械化技术与装备集成创新与推广”获江苏省农业技术推广奖二等奖。

2021年6月1日，市委农村工作领导小组（扩大）会暨乡村产业发展现场观摩推进会召开 （柳放 供稿）

2021年3月15日，镇江市农村工作暨乡村产业发展推进会召开 （马镇丹 供稿）

·农林牧渔业·

【概况】2021年，镇江市粮食总产量再创新高。全年粮食播种面积13.45万公顷，比上年增加0.22万公顷，增长1.6%。全年粮食总产量96.01万吨，比上年增加0.41万吨，增长0.4%，其中夏粮总产量24.32万吨，增加0.64万吨，增长2.7%；秋粮总产量71.69万吨，减少0.23万吨，下降0.3%。全年油料总产量4.30万吨，增长27.0%。蔬菜总产量96.79万吨，下降0.1%；瓜果类产量11.82万吨，与上年持平。牧渔业生产总体平稳。主要畜产品中，肉类总产量8.01万吨，比上年增长8.3%，其中猪肉产量2.16万吨，下降10.5%；禽肉产量5.79万吨，增长18.3%。禽蛋产量4.32万吨，增长141.6%；牛奶总产量0.95万吨，增长10.0%。全年生猪出栏量27.35万头，下降11.2%；家禽出栏量3533.87万只，增长18.6%。水产品产量9.68万吨，增长0.7%。

2021年镇江市主要农产品产量情况表

产品名称	产量（万吨）	比上年增减（%）
粮食	96.02	0.4
油料	4.30	27.0
# 油菜籽	3.99	29.7
花生	0.18	14.2
肉类总产量	8.01	8.3
水产品	9.68	0.7

2021年，江苏润果农业发展有限公司种植基地现场（孙悦萌 供稿）

江苏润果农业发展有限公司“润果九渡”入选江苏农业品牌目录

位于镇江新区的江苏润果农业发展有限公司，践行“公司+合作社+农户”的形式，带动1万多农户实现增收1229.74万元，被评为“江苏省农业产业化龙头企业”，入选省生产型数字农业农村基地，董事长魏巧获评“全国种粮先进个人”。公司种植基地通过生态岛建设，构成农田生物多样性，进而提升稻米品质。2021年，“润果九渡”入选江苏农业品牌目录。

2021年，润果公司的机械化生产设备车间（王荣明 供稿）

2021年，入选江苏农业品牌目录的“润果九渡”稻米（汪露 供稿）

镇江螃蟹在江苏金蟹评选活动中获奖

2021年10月24日，2021首届“苏韵乡情”江苏金蟹评选活动举办。镇江市江苏江心源生态农业有限公司和江苏永优扬水产有限责任公司获“十大金蟹奖”，永优扬选送的母蟹以458克斩获“蟹后奖”。

2021年10月24日，江苏江心源生态农业有限公司螃蟹获奖（高建业 汪露 供稿）

·农业科技和绿色发展·

【概况】 2021年，镇江市培育各类农业科技示范主体2200户，其中，丹阳市360户、句容市210户、扬中市930户、丹徒区700户。举办高素质农民培训班83期，培育高素质农民6260人，新增省级农民培训田间课堂7家，累计14家，评选市级农民培训田间课堂27家，48名“土专家”“田秀才”等实用技术人才纳入市级培训师资队伍；句容市举办第四届“十佳”美丽农民评选活动。开展“青春振农——在镇高校大学生暑期为农服务实践活动”，组织5所驻镇高校的100余名大学生深入农村学习实践，遴选15个大学生乡村振兴实践基地。新增产业研究院（共建试验示范基地）4个，句容市入选全国农业科技现代化先行县。推进生态循环农业试点村建设，放大“戴庄经验”示范效应，实施完成2个省级、10个市级首批生态循环农业试点村建设任务，遴选13个第二批市级生态循环农业试点村。推进受污染耕地安全利用工作，全市受污染耕地安全利用率达99.8%；句容戴庄村有机农业合作社、句容市丁庄村葡萄合作联社、镇江大全现代农业发展有限公司入选全国首批生态农场。

2021年4月29日，镇江智能农机装备产业联盟成立 （柳放 供稿）

“青春振农——在镇高校大学生暑期为农服务实践活动”启动

2021年7月13日，“青春振农——在镇高校大学生暑期为农服务实践活动”在丹徒区世业镇启动。现场为大学生乡村振兴实践基地授牌，向5所高校授旗。学生代表倡议：在实践中厚植为农情怀，把实验室建在田间地头，在希望的田野上书写青春答卷。

2021年7月13日，“青春振农——在镇高校大学生暑期为农服务实践活动”现场 （王凯 供稿）

"叮咚！"镇江市委书记扫码下单一箱丁庄葡萄

"叮咚"，付款完毕！8月4日下午，在句容丁庄万亩葡萄专业合作联社新分拣中心，市委书记马明龙现场扫码，购买一箱夏黑葡萄，亲身体验这一方便快捷的销售方式。

丁庄葡萄种植面积2万亩（1333.33公顷），是江苏省内唯一果品类双"国家地理标志"品牌。现有葡萄早、中、晚熟品种51种，绿色食品认证全园覆盖，年产葡萄2万吨，年销售额2.7亿元，带动近2000户农民创业致富。2021年，丁庄万亩葡萄专业合作联社入选全国首批生态农场及全国第二批农民合作社典型案例，"丁庄葡萄"被编入《美味中国——2021全国品牌农产品日历》。

2021年，丁庄万亩葡萄园全景（柳放 孙悦萌 马镇丹 供稿）

现代农业发展较快。全市拥有高效设施种植业面积3.71万公顷，比上年增加0.08万公顷。全市上图入库（用卫星定位测量和实测相结合的方式精确定位绘图入数据库）高标准农田10.70万公顷。全市农作物耕种收综合机械化率88.5%，年末拥有省级以上农业产业化龙头企业47家、省级示范家庭农场165家、农民专业合作社2819家。拥有省级数字农业农村基地42家，其中包括“一村一品一店”示范村20家。全市有农产品地理标志产品5个、绿色食品222个、有机农产品41个。1家农机合作社创成国家级“全程机械化+综合农事”服务中心。

江苏年丰现代农业科技有限公司创成国家级“全程机械化+综合农事”服务中心

位于丹阳高新区的江苏年丰现代农业科技有限公司现有粮食种植面积约4000亩（266.67公顷）。近几年，公司大力推进基础设施改造，建成集中连片的宜机化作业高标准农田，采取稻麦周年种植模式，实行粮食的全程机械化生产。现有各种农机具60多台套，涵盖耕种管收、秸秆还田、加工等所有环节。公司旗下有粮油种植、植保综合服务、水产养殖和农机综合服务4家专业合作社。

2021年，江苏年丰现代农业科技有限公司粮食种植基地现场 （孙继生 供稿）

小丫家庭农场进入省级家庭农场典型案例名单

2021年8月30日，省农业农村厅发布新增省级家庭农场典型案例名单，丹阳市开发区小丫家庭农场名列其中。小丫家庭农场有百亩耕地及少量桃园，农场主魏国良掌握运用水稻绿色高质高效关键技术，改传统化肥撒施为有机肥当家，除水稻分蘖期加施少量尿素氮肥外，整个生长前期和后期均采用新型生态有机肥，不仅逐渐改良土壤，还培肥地力，增加种植效益，提高稻米品质。小丫家庭农场优质稻米获首届“丹阳优质大米”评比金奖、第四届江苏好大米品鉴推介会特等奖、第二届“中国好米榜”金奖。

2021年“夏种”时节，小丫家庭农场的百亩耕地进入繁忙的插秧阶段（孙悦萌 供稿）

【句容入选全国农业科技现代化先行县共建名单】2021年，句容市入选全国农业科技现代化先行县。句容市国家农业科技现代化共建先行县对口技术单位为江苏大学，重点在推广“戴庄经验”、开展丘陵地区农业生产机械化科技短板攻关、建立智慧农业试验区、推进农产品精深加工高质量发展、加强政产学研联合协作、开展生态环保技术革新、建设高素质人才队伍培育平台等七方面开展紧密合作。

句容“全程机械化＋综合农事”助力“三农”发展

2021年6月，在句容农机部门指导下，宝华镇仓头村新建的“全程机械化+综合农事”服务中心投入使用。中心建有2700多平方米的“两库两间两室两中心”和1条标准化粮食烘干、储藏、精米加工包装生产线，拥有完整的水稻生产耕、种、防、收机械设备，承包、流转土地1100亩（73.33公顷），农机年累计作业面积26000亩（1733.33公顷），全程机械化及综合农事服务年收入300多万元。

2021年，仓头村强民稻米专业合作社的农田机械化作业现场 （柳放 供稿）

2021年，第二批市级生态循环农业试点村丹徒区上党镇上党村 （韦雪亮 供稿）

2021年，第二批市级生态循环农业试点村丹徒区世业镇世业村 （卞婕 供稿）

【推广“戴庄经验”，发展生态循环农业】2021年，镇江市推广“戴庄经验”，建设生态循环农业试点村纳入市委、市政府工作要点，列入农业农村重点改革内容，强力推进。制定出台《镇江市放大“戴庄经验”示范效应 推进生态循环农业发展的通知》，省市县投入财政扶持资金1520万元，将12个试点村建设纳入为群众办实事项目。2个省级、10个首批市级生态循环农业试点村全部完成年度建设任务，形成一批示范村；并确定13个第二批市级生态循环农业试点村，分别为丹阳市金桥村、大圣村、管山村，句容市东霞村、解塘村、徐巷村、天王村，扬中市永胜村、长胜村，丹徒区世业村、上党村、曲阳村、四方桥村。

2021年，戴庄村口 （孙悦萌 供稿）

2021年，戴庄生态循环农业全景图 （孙悦萌 供稿）

2021年，戴庄水稻种植基地现场（孙悦萌 供稿）

【农业绿色发展】2021年，镇江市围绕化肥农药减控，开展示范区建设，推广运用农药化肥减量增效技术、模式和高效机械，建设化肥减量增效和耕地质量提升示范区8个、农作物病虫害绿色防控示范区26个，建立水稻新型缓释肥料示范点6个、测土配方施肥新“五个一”模式示范点4个，建立耕地质量监测点82个、农药使用量监测点200个。句容市创成全国绿色防控示范县。配方施肥技术覆盖率95%以上，肥料利用率提高到40%左右。落实省、市专项资金673万元，建立年度规模场整治提升清单和小规模场配套治理清单，新增省级生态健康养殖示范场5家，累计55家，生态健康养殖比重达98%；全市规模养殖场设施配套率100%，全市畜禽粪污综合利用率97.76%。推行渔业健康生态养殖，推广生态健康的绿色养殖、工业化循环水养殖、稻田综合种养、池塘养殖尾水处理等模式面积6666.67公顷，工厂化养殖面积30余万平方米，实施完成池塘生态化改造337.27公顷，打造生态化改造示范点10个、达标排放试点示范面积1157亩（77.13公顷）。加强秸秆综合利用，争取省级秸秆综合利用资金1100万元，秸秆机械化还田地块补贴实现全覆盖。投入财政资金350余万元，建立农药包装废弃物回收站点547个、储存站31个，回收各类农药包装废弃物105.3吨，处置69.74吨。推进农膜回收利用网点建设，巩固提升38个镇级以上回收网点；设立45个地膜残留监测点，定期跟踪监测农田土壤中地膜残留量动态变化。2021年，全市共回收废旧农膜842.21吨，废旧农膜回收率90.41%。

省生态健康养殖示范场——丹阳市司徒镇雨禾家庭农场

雨禾家庭农场在丹阳市司徒镇，2010年，牵头带动周边水产养殖户成立丹阳市佳吉渔业专业合作社，养殖规模从1000亩(66.67公顷)发展到6000亩(400公顷)，合作社核心基地面积860亩(57.33公顷)，主要开展青虾、河蟹等特种水产养殖。2021年，通过引进精养池塘零排放圈养模式，对核心基地开展养殖池塘生态化改造示范，采取养殖尾水二级净化、三池两坝的净化模式，实现养殖尾水循环利用、达标排放。

佳吉渔业专业合作社水产养殖试验示范基地

2021年，雨禾家庭农场负责人、镇江市“十佳农民”茅建俊给养殖户传授新技术（夏景顺 马福兴 供稿）

·农业机械化·

【概况】2021年，镇江市农机总动力151.9万千瓦；全市有大中型拖拉机4981台、收割机2674台、插秧机63117台、烘干机1536台、自走式植保机743台、秸秆还田机5794台。水稻机插面积63093公顷，水稻机播面积67394公顷。小麦机收面积46366公顷，机收率99.9%；水稻机收面积72354公顷，机收率99.5%。全年稻麦秸秆机械化还田面积85333公顷，秸秆机械化还田率76%。粮食产地烘干能力接近80%。设施农业、畜牧业、渔业、林果业、农产品初加工机械化率65%以上。镇江市“两大工程”（设施农业“机器换人”工程、绿色环保农机装备与技术示范工程）项目，以林果和蔬菜为主攻方向，推广机械化生产，重点在种植、运输、保鲜、采收及除草用药施肥等环节提高时效性、精准性、统一性。

【粮食生产全程机械化推进】2021年，镇江市新增大中型拖拉机188台、收割机102台、插秧机489台、高效植保机37台。丹徒区被农业农村部评为“全国主要农作物生产全程机械化示范县”。

2021年，丹徒区农作物机械化生产场景（罗秀龙 张桂安 孙悦萌 供稿）

【农机安全生产网格化监管】2021年，镇江市推广将农机安全生产融入基层社会治理综合网格。1月28日，农业农村局与市委政法委联合印发《镇江市农机安全生产网格化实施办法》；9月22日，与市网格化服务管理中心联合印发《关于全面启动农机安全生产网格化管理工作的通知》；9月27日，召开全市农机安全工作会议，进行工作部署和网格员培训，实现镇村级农机安全生产属地责任具体化、规范化，破解农机安全监管“最后一公里”难题。截至年底，全市拖拉机和联合收割机检验率80%以上。

江苏省暨镇江市农机“安全生产月”活动在镇江启动

2021年5月27日，江苏省暨镇江市农机“安全生产月”活动在镇江丹阳启动。启动仪式上，对全省选树的13个2020年度全省“平安农机”示范服务组织进行表彰和授牌，向12名农机安全网格员代表赠送农机安全书籍和网格管理工作包，向12名“平安农机”示范合作社代表赠送农机安全书籍和维修工具箱。

6月期间，全省各地开展农机安全生产知识宣教活动，开展“铁牛卫士 护航三夏”农机安全执法行动。

2021年5月27日，江苏省暨镇江市农机“安全生产月”活动启动现场 （柳放 供稿）

工 业

·综 述·

【概况】2021年，镇江市工业生产稳定恢复。全年规模以上工业增加值比上年增长15.1%，其中大中型企业增长18.8%。分轻重工业看，轻工业增长11.7%，重工业增长16.3%。分经济类型看，国有及国有控股企业增长15.7%，集体企业下降13.9%，股份制企业增长18.6%，外商及港澳台商投资企业增长6.4%；民营企业增长19.6%，其中私营企业增长16.2%。

工业企业经营效益提升。全年规模以上工业企业营业收入比上年增长26.2%，利税总额增长21.8%，利润总额增长23.1%。年末成本费用利润率6.3%，比上年下降0.3个百分点。工业产品销售率97.8%，比上年提高0.3个百分点。

先进制造业增势良好。全年规模以上工业高技术制造业增加值比上年增长10.7%，其中医疗仪器设备及仪器仪表制造业、计算机及办公设备制造业增加值分别增长13.2%和20.6%。高新技术产品产量增长较快，其中新能源汽车产量增长255.6%，单晶硅片产量增长79.7%，碳纤维产量增长126.2%。新增国家级“专精特新”小巨人企业6家，省级服务型制造示范企业5家。年末拥有省级智能工厂4家，省级智能车间87个。

2021年度制造业“金山奖”名单

江苏沃得农业机械股份有限公司
江苏鱼跃医疗设备股份有限公司
明月镜片股份有限公司
天工国际有限公司
大亚科技集团有限公司
江苏骏成电子科技股份有限公司
大全集团有限公司
香江科技股份有限公司
江苏环太集团有限公司
蜂巢动力系统（江苏）有限公司
江苏恒顺集团有限公司
江苏索普（集团）有限公司
江苏鼎胜新能源材料股份有限公司
中储粮镇江粮油有限公司
江苏船山集团有限公司
镇江奇美化工有限公司
金东纸业（江苏）股份有限公司
镇江南帝化工有限公司
瑞肯耐特流体控制系统（镇江）有限公司
镇江联成化学工业有限公司

2021年度制造业“金山奖”企业大全集团有限公司 （大全集团 供稿）

2021年度制造业“金山奖”企业金东纸业（江苏）股份有限公司 （陈大经 供稿）

2021年度制造业“金山奖”企业江苏索普（集团）有限公司 （张桂安 供稿）

2021年度制造业“金山奖”企业香江科技股份有限公司 （冷春光 焦秀兰 供稿）

2021年度制造业“金山奖”企业明月镜片股份有限公司（卞婕 供稿）

2021年度制造业“金山奖”企业江苏恒顺集团有限公司（市工信局 供稿）

2021年度制造业“金山奖”企业镇江联成化学工业有限公司（林澄 供稿）

2006年镇江市重点工业产品产量情况表

产品名称	单位	产量	比上年增减（%）
食醋	万吨	30.33	-5.4
复合木地板	万立方米	4274.20	-9.0
机制纸及纸板	万吨	257.82	0.4
冰乙酸	万吨	106.41	4.3
单晶硅片	万片	85512	79.7
水泥	万吨	1530.10	-1.3
钢材	万吨	565.17	12.6
铝材	万吨	87.31	22.3
金属切削工具	亿件	9.52	18.5
汽车	辆	6489	255.6
汽车仪器仪表	万台	172.46	18.3
电子元件	亿只	20.12	11.9
眼镜成镜	万副	1382.65	22.3
发电量	亿千瓦时	496.36	19.4
母线	万米	190.10	29.5

【建筑业】2021年，镇江市拥有资质以上建筑业企业517家。全年实现建筑业总产值645.61亿元，比上年增长8.0%，其中，建筑安装工程产值72.09亿元，增长14.5%；竣工产值389.18亿元，下降8.9%。全市建筑业从业人员期末人数11.5万人，较上年减少0.3万人，下降2.5%。

2021年镇江市工业应税销售百强企业名单

地 区	企业名称
丹阳市	江苏沃得集团有限公司
镇江新区	镇江奇美化工有限公司
京口区	江苏鼎胜新能源材料股份有限公司
丹阳市	天工国际有限公司
丹阳市	江苏鑫海高导新材料有限公司
镇江新区	金东纸业（江苏）股份有限公司
京口区	江苏索普（集团）有限公司
京口区	中储粮镇江粮油有限公司
句容市	建华建材（中国）有限公司
扬中市	大全集团有限公司
京口区	江苏鸿泰钢铁有限公司
丹阳市	江苏飞达集团
丹阳市	江苏鱼跃医疗设备股份有限公司
句容市	华电江苏能源有限公司
丹阳市	丹阳龙江钢铁有限公司
丹阳市	大亚科技集团有限公司
京口区	国家能源集团谏壁发电厂
扬中市	蜂巢动力系统（江苏）有限公司
镇江新区	镇江江南化工有限公司
扬中市	江苏环太集团有限公司
镇江新区	镇江联成化学工业有限公司
镇江新区	江苏通达铜材有限公司
镇江新区	镇江均和重工有限公司
润州区	江苏船山集团有限公司

续 表

地 区	企业名称
扬中市	江苏中海粮油工业有限公司
丹徒区	镇江焦化煤气集团有限公司
句容市	句容宁武新材料股份有限公司
句容市	句容毅马五金制品有限公司
镇江新区	中节能太阳能科技（镇江）有限公司
丹徒区	江苏镇江发电有限公司
丹阳市	大力神科技集团有限公司
镇江新区	镇江东方电热科技股份有限公司
扬中市	香江科技股份有限公司
扬中市	江苏新韩通船舶重工有限公司
丹徒区	江苏恒顺集团有限公司
镇江新区	道达尔润滑油（中国）有限公司
扬中市	江苏天舜金属材料集团有限公司
镇江新区	索尔维（镇江）化学品有限公司
丹阳市	江苏同力日升机械股份有限公司
句容市	巨宝精密加工（江苏）有限公司
镇江新区	镇江南帝化工有限公司
丹阳市	江苏新泉汽车饰件股份有限公司
丹阳市	江苏长丰纸业有限公司
句容市	句容协鑫光伏科技有限公司
丹徒区	北汽蓝谷麦格纳汽车有限公司
镇江新区	凯迩必机械工业（镇江）有限公司
润州区	镇江华润燃气有限公司
句容市	句容台泥水泥有限公司
丹徒区	金海宏业（镇江）沥青有限公司
丹阳市	大赛璐安全系统（江苏）有限公司
镇江新区	江苏正丹化学工业股份有限公司
丹徒区	帝高力装饰材料（江苏）有限公司
丹徒区	镇江李长荣高性能材料有限公司

续 表

地 区	企业名称
镇江新区	优利德（江苏）化工有限公司
扬中市	江苏威腾电气集团
丹阳市	江苏肯帝亚木业有限公司
镇江新区	江苏天奈科技股份有限公司
丹徒区	江苏捷诚车载电子信息工程有限公司
镇江新区	江苏超跃化学有限公司
镇江新区	孚能科技（镇江）有限公司
镇江高新区	江苏省镇江船厂（集团）有限公司
扬中市	江苏通灵电器股份有限公司
丹阳市	江苏锐升新材料有限公司
丹阳市	海昌隐形眼镜有限公司
丹徒区	江苏镇江燃气热电有限公司
镇江新区	巴斯夫造纸化学品（江苏）有限公司
丹阳市	江苏辰阳电子有限公司
扬中市	江苏利民纸品包装股份有限公司
丹徒区	二重（镇江）重型装备有限责任公司
丹阳市	江苏彤明高科汽车电器有限公司
镇江新区	太白集团有限公司
丹徒区	江苏振光电力设备制造有限公司
丹阳市	恒宝股份有限公司
丹阳市	常诚车业江苏有限公司
丹阳市	江苏恒神股份有限公司
京口区	镇江强凌电子有限公司
丹阳市	万新光学集团有限公司
镇江新区	镇江大东纸业有限公司
丹阳市	江苏华凯比克希线束有限公司
丹阳市	迅驰车业江苏有限公司
丹阳市	冈田精机丹阳有限公司
镇江高新区	中船动力镇江有限公司

续 表

地 区	企业名称
丹阳市	江苏申阳集团
扬中市	江苏亿能电气有限公司
丹阳市	江苏超力电器有限公司
京口区	诺贝丽斯铝业（镇江）有限公司
扬中市	江苏天辰新材料股份有限公司
镇江新区	江苏常青树新材料科技股份有限公司
镇江新区	恩坦华汽车零部件（镇江）有限公司
丹阳市	丹阳港华燃气有限公司
丹阳市	江苏巨贸康万家医疗设备有限公司
丹阳市	江苏文光集团有限公司
丹阳市	丹阳荣嘉精密机械有限公司
扬中市	江苏大津重工有限公司
丹阳市	江苏图南合金股份有限公司
镇江新区	瑞肯耐特流体控制系统（镇江）有限公司
丹阳市	丹阳市华一医疗器械有限公司
扬中市	中电电气集团有限公司
扬中市	扬中市大地水泥有限公司
丹阳市	江苏仅一联合智造有限公司

2021年镇江市工业应税销售百强企业国家能源集团谏壁发电厂掠影 （卞婕 供稿）

镇江市工业应税销售百强企业——二重（镇江）重型装备有限责任公司

二重（镇江）重型装备有限责任公司成立于2008年，是中国机械工业集团旗下国机重装重大装备出海口基地，拥有超大型石化压力容器、风电、重大成套装备、海洋资源开发、船机等设备的制造能力。2021年，公司完成商品产值10.4亿元，盈利340万元，这是企业首次实现盈利，并且进入2021年镇江市应税销售百强企业名单。

2021年镇江市工业应税销售百强企业二重（镇江）重型装备有限责任公司生产现场掠影（孙薇 供稿）

2021年镇江市工业应税销售百强企业江苏省镇江船厂（集团）有限公司生产现场 （卞婕 供稿）

2021年镇江市工业应税销售百强企业万新光学集团有限公司产品展厅现场 （张弛 供稿）

2021年镇江市工业应税销售百强企业中储粮镇江粮油有限公司掠影（颜宏亮 供稿）

2021年镇江市工业应税销售百强企业江苏船山集团有限公司掠影（张元景 供稿）

2021年镇江市工业应税销售百强企业镇江南帝化工有限公司掠影（张弛 供稿）

镇江市工业应税销售百强企业——中船动力镇江有限公司

中船动力镇江有限公司是中国船舶集团有限公司动力装备板块的核心子企业之一，具备年生产中速机400台、低速机100万马力的能力，2021年销售收入10.899亿元，同比增长33.5%。适应船舶大型化、智能化、环保化发展趋势，船用发动机研制也持续沿着大功率、集成化、绿色节能方向升级。中船动力持续创新突破，在船用中、低速柴油机和双燃料发动机，电气系统集成，机械成套装置等业务领域开展最新技术研究。2021年，中船动力成功开发出全球首台船用400毫米缸径双燃料机工程样机6CX40DF，不仅攻克多项技术难题，提高中国用低速机双燃料机的设计与研制水平，同时也满足国际海事组织对环保排放的最新要求，为中国造船工业的节能环保事业带来重要经济与社会效益。

2021年镇江市工业应税销售百强企业中船动力镇江有限公司生产车间（焦秀兰 供稿）

2021年镇江市工业应税销售百强企业丹阳龙江钢铁有限公司全景 （孙悦萌 供稿）

2021年镇江市工业应税销售百强企业中电电气集团有限公司全景 （陈静 供稿）

2021年镇江市工业应税销售百强企业镇江大东纸业有限公司车间现场 （卞婕 供稿）

2021年镇江市工业应税销售百强企业建华建材（中国）有限公司大楼外景 （句容摄协 供稿）

2021年镇江市工业应税销售百强企业江苏沃得集团有限公司外景 （叶金华 供稿）

2021年镇江市工业应税销售百强企业江苏索普（集团）有限公司 （王辽安 供稿）

2021年镇江市工业应税销售百强企业江苏飞达集团生产现场 （吴苏南 供稿）

2021年镇江市工业应税销售百强企业镇江强凌电子有限公司车间现场 （罗秀龙 供稿）

·装备制造业·

【概况】2021年，镇江市加强规划引领、强化政策扶持、突出创新驱动，加快装备制造业创新步伐，高端产业加速集聚。全市高端装备制造规模以上企业652家，占全市规模以上企业的31%。全年新增“接触网悬挂状态检测监测装置”“4GQ-1A型智能（丘陵）甘蔗收获机”等首台（套）认定产品15个。推进智能制造建设，滚动实施智能制造储备项目库，组织企业线上学习观摩智能制造进化工园区等活动，全年为24家企业提供智能制造诊断费用补助，为航发优材（镇江）高温合金有限公司“粉末高温合金盘形件省智能工厂项目”争取资金支持2000万元。鱼跃医疗、索普化工2家企业分别入选国家智能制造试点示范工厂揭榜单位和优秀场景名单。全年新增省“智能制造示范工厂”1个，累计打造省“智能制造示范工厂”4个，列全省第5名。新增省“智能车间”22个，累计打造省“智能车间”87个，列全省第6名。新增省“智能制造领军服务机构”1家，累计3家。新增国家“道路机动车辆产品”86款，累计818款。全市装备制造业项目99个，占市级重点项目比重43%。

【《镇江市“十四五”航空航天产业发展规划》】2021年11月9日，《镇江市“十四五”航空航天产业发展规划》正式发布。该规划明确“十四五”期间，镇江市航空航天产业将以“两核心、六领域、双特色”为主攻方向，即围绕航空航天关键零部件和航空航天新材料两大具有关键和带动作用的核心产业，培育壮大通航产业、无人机产业、动力产业、航天产业、配套设备制造产业、航空航天关联产业等六个细分领域，打造通航运营服务与航空教育产业两大特色产业板块，形成集研发、制造、运营服务、人才培育于一体的航空航天全产业链。重点打造“一中心、三片区、多点”的空间布局（“一中心”为镇江新区，“三片区”为丹阳市、京口区、句容市，“多点”为散布于全市范围内的涉航企业、科研机构等主体）。按照规划要求，到2025年，全市涉航企业销售规模超500亿元。

2021年，威翔航空科技股份有限公司完成首次批量验收飞行的CTLS机型　（马镇丹 供稿）

2021年，镇江大路通用机场停泊的小型飞机 （孙晓光 供稿）

2021年，飞瑞航空科技（江苏）有限公司无人机组装生产车间 （虞澜 供稿）

2021年，京口经济开发区航空航天中小企业基地效果图 （京口经济开发区 供稿）

【国家科技重大专项入选情况】2021年2月，工业和信息化部产业发展促进中心公示4项“高档数控机床与基础制造装备”科技重大专项，镇江市的冈田精机丹阳有限公司申报的“数控机床刀库及自动换刀装置关键技术研究与应用”入选。

【智能制造试点示范工厂入选情况】2021年12月28日，工业和信息化部公示2021年度智能制造试点示范工厂揭榜单位和优秀场景名单。江苏鱼跃医疗设备股份有限公司入选2021年智能制造试点示范工厂，揭榜“高端医用诊疗设备智能制造示范工厂”任务。该项目自2019年实施，预计2023年结束。通过自建工业互联网平台，采购和实施自主品牌的智能制造关键技术装备、核心支撑软件、网络基础设施和信息安全系统，基于工业互联网平台，打造用户直连制造、采购策略优化、智能仓储、物流实时监测与优化、离散新工艺数字化设计、生产计划优化、先进过程控制、智能在线检测和在线运行监测与故障诊断九大典型应用场景集于一体的高端医用诊疗设备智能制造示范工厂。索普化工公司入选优秀场景名单。

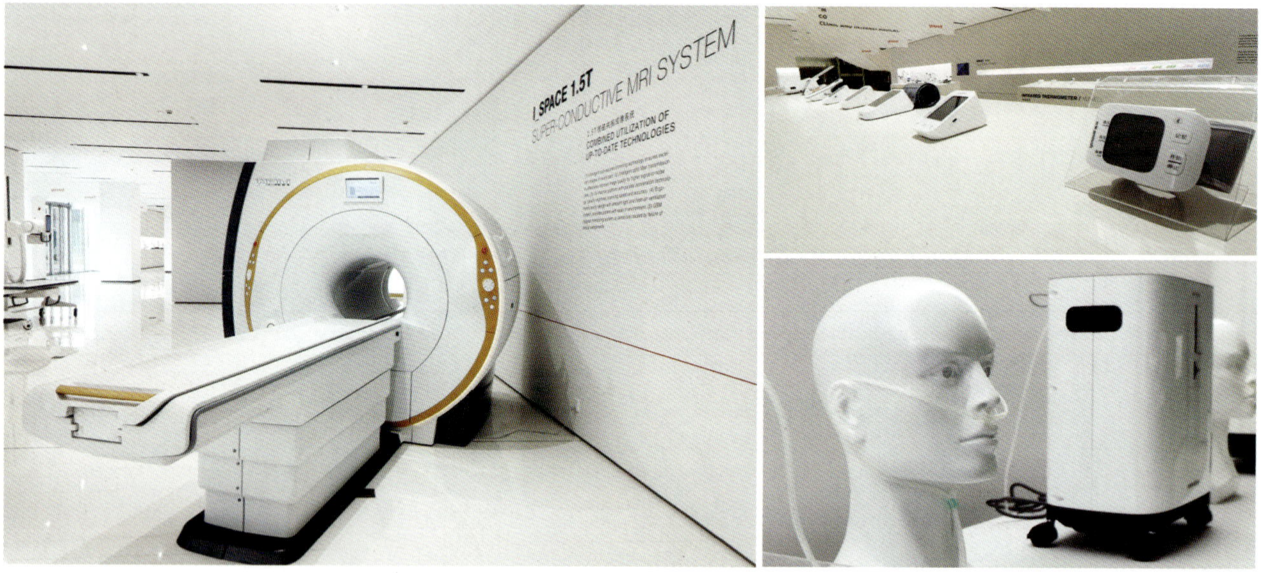

2021年，入选智能制造试点示范企业的江苏鱼跃医疗部分产品 （卞婕 供稿）

【三家企业入选“全国百家优秀汽车零部件供应商”榜单】2021年12月，第18届“全国百家优秀汽车零部件供应商”榜单正式发布。镇江市的江苏新泉汽车饰件股份有限公司、江苏超力电器有限公司、江苏新通达电子科技股份有限公司等3家企业入选，其中，超力电器有限公司和新通达电子科技股份有限公司获评“优秀汽车电子电器供应商”，新泉汽车饰件股份有限公司获评“优秀通用件、车身附件供应商”。

2021年镇江市新增国家级制造业“单项冠军”企业（产品）

地区	企业名称	所获称号
丹徒区	镇江大力液压马达股份有限公司	制造业“单项冠军”示范企业
镇江新区	江苏天奈科技股份有限公司	碳纳米管导电浆料获制造业“单项冠军”产品

2021年镇江市新增国家级“‘专精特新’小巨人”企业、省级“专精特新”产品和“小巨人”企业情况表

地 区	企业名称	所获称号
丹阳市	琦瑞科技（江苏）有限公司	国家级“‘专精特新’小巨人”企业
丹阳市	江苏新通达电子科技股份有限公司	国家级“‘专精特新’小巨人”企业
丹阳市	冈田精机丹阳有限公司	国家级“‘专精特新’小巨人”企业
扬中市	江苏士林电气设备有限公司	国家级“‘专精特新’小巨人”企业
丹徒区	江苏希西维轴承有限公司	国家级“‘专精特新’小巨人”企业
镇江新区	航天海鹰（镇江）特种材料有限公司	国家级“‘专精特新’小巨人”企业
京口区	江苏天海特种装备有限公司	省级“专精特新”产品
京口区	镇江立达纤维工业有限责任公司	省级“专精特新”产品
京口区	镇江蓝舶科技股份有限公司	省级“专精特新”产品
丹徒区	江苏中兴药业有限公司	省级“专精特新”产品
镇江新区	镇江贝斯特新材料有限公司	省级“专精特新”产品
丹阳市	江苏洪旭德生科技有限公司	省级“专精特新”产品
丹阳市	江苏乐能电池股份有限公司	省级“专精特新”产品
扬中市	威腾电气集团股份有限公司	省级“专精特新”产品
扬中市	江苏美科太阳能科技股份有限公司	省级“专精特新”产品
句容市	江苏联博精密科技有限公司	省级“专精特新”产品
句容市	江苏南瓷绝缘子股份有限公司	省级“专精特新”产品
丹徒区	上豪包装机械（镇江）有限公司	省级“小巨人”企业
丹徒区	江苏力凡胶囊有限公司	省级“小巨人”企业
镇江新区	镇江三维输送装备股份有限公司	省级“小巨人”企业
镇江新区	镇江康飞汽车制造股份有限公司	省级“小巨人”企业
丹阳市	江苏仅一联合智造有限公司	省级“小巨人”企业
丹阳市	丹阳丹耀光学股份有限公司	省级“小巨人”企业
扬中市	江苏和成显示科技有限公司	省级“小巨人”企业
扬中市	长江三星能源科技股份有限公司	省级“小巨人”企业
扬中市	江苏锋芒复合材料科技集团有限公司	省级“小巨人”企业
扬中市	上迈（镇江）新能源科技有限公司	省级“小巨人”企业

2021年，国家级“‘专精特新’小巨人”企业航天海鹰（镇江）特种材料有限公司员工工作场景（航天海鹰 供稿）

2021年，省级“专精特新”产品生产企业威腾电气集团股份有限公司掠影（卞婕 供稿）

2021年6月，句容市智能制造重点项目签约暨国民新能源车项目开工仪式举行　（句容经开区　供稿）

句容造华梓国民新能源乘用车全球首发

句容经济开发区的华梓国民新能源乘用车项目2021年1月8日举行开工仪式，2021年6月26日，华梓新能源车下线并全球首发。该项目占地500亩（33.33公顷），其中一期299亩（19.93公顷），投资26亿元，建筑面积10.5万平方米，年产25万辆新能源乘用车，致力打造先进的新能源汽车设计制造基地，构建新能源智能汽车产业新生态。

2021年，华梓汽车E家下线暨全球首发启动仪式举行　（句容经开区　供稿）

部分华梓汽车车型展示　（句容经开区　供稿）

·新材料产业·

【概况】 2021年，镇江市高性能材料产业链围绕高性能合金及碳纤维材料产业链和高分子材料产业链两条主线，加快培育一批“链主企业”“隐形冠军”和“专精特新”产品，打造一批示范项目，突破一批关键技术，发挥新材料产业集群优势和龙头骨干企业的带动作用，提升镇江市新材料产业的发展水平和核心竞争力。全市新材料产业规模以上工业企业181家，应税销售1271.2亿元，比上年增长41.7%。全年组织实施建华科创园高性能复合材料、江苏德晴新材碳纤维产品制造、镇江普耀新材料半导体光电新材料、天工爱和特钢高合金工模具钢技改及粉末冶金等新材料重点项目52个，其中，亿元以上项目47个，总投资286.8亿元，占全市项目总投资的17.6%，当年完成投资101.1亿元。对新材料领域的“金山英才”项目实施倾斜，对20个项目奖补资金2650万元。全年新材料行业新增省级以上企业技术中心2家（累计23家），新增省级以上“绿色工厂”5家（累计9家），新增国家级“单项冠军”企业1家（累计4家），新增省级以上“‘专精特新’小巨人”企业6家（累计15家），新增省级“示范智能车间”4家（累计17家）。

在2021年10月的第五届国际低碳（镇江）大会暨碳达峰碳中和2021金山峰会上，中节能太阳能、鼎胜新材、建华建材、恒宝股份等多家企业展示出研发和生产的新材料及其产品　（王朋　供稿）

【高性能合金材料产业联盟成立】 2021年10月22日，镇江市举行高性能合金材料产业联盟成立大会。该联盟由江苏鼎胜新能源材料股份有限公司等9家单位发起，由60家骨干企业、高校和科研院所、金融机构等组成，包含“产业链、供应链、人才链、技术链、资金链”各环节。联盟的成立旨在搭建“链主”单位引领、产业链骨干企业集聚、科研院所人才支撑、金融机构高效服务的合作交流平台，促进各成员单位间的优势互补、互惠互利，为镇江高性能合金材料产业高质量发展提供“产学研用服”集成服务。

【2021中国石油和化工企业“500强发布会”镇江企业入选情况】2021年11月29日—30日，2021中国石油和化工企业“500强发布会”在线上举行，会议发布了2021中国基础化学原料制造业“百强企业”名单，镇江市的江苏索普化工股份有限公司（第49名）、江苏正丹化学工业股份有限公司（第99名）入选；会议同时发布了2021中国合成材料制造业“百强企业”榜单，镇江市的江苏恒神股份有限公司（第42名）、江苏铁科新材料股份有限公司（第56名）、江苏建亚环保科技股份有限公司（第87名）入选。

【江苏恒神股份有限公司】2021年3月，镇江市的江苏恒神股份有限公司收到国际认证机构DNV·GL颁发的24K碳纤维、碳纤维织物和碳纤维拉挤板的TYPE APPROVAL证书以及SHOP APPROVAL证书；该公司的“中模高强碳纤维预浸料”产品，入选中国纤维流行趋势2021/2022——高性能碳纤维类代表产品名单。9月，该公司以自产碳纤维生产的拉挤碳板在国内首支百米级大型海上风电叶片上应用。

2021年，江苏恒神股份有限公司生产车间现场 （孙悦萌 供稿）

江苏恒神股份有限公司入选2021中国合成材料制造业“百强企业”榜单

江苏恒神股份有限公司是一家集碳纤维及复合材料设计、研发、生产、销售、技术应用服务为一体的国家高新技术企业，拥有从碳纤维、织物、树脂、预浸料到复合材料产品的完整产业链，产品广泛应用于航空航天、轨道交通、汽车、海洋工程和新能源等领域。

十多年来，恒神以民企之力，专注实业制造。如今，恒神的碳纤维产能已占据国内大半市场。

2021年，恒神获镇江市制造业“金山奖”、科技创新“梦溪奖”等称号，是2021年镇江市工业应税销售百强企业之一。

外向型经济

【概况】2021年，镇江市实现对外贸易进出口总额129.13亿美元，比上年增长23.9%，其中进口总额36.89亿美元，增长21.6%；出口总额92.25亿美元，增长24.8%。一般贸易出口额82.63亿美元，增长30.5%，占出口总额的比重为89.6%；加工贸易出口额7.93亿美元，下降15.6%。从出口市场看，对东盟出口13.09亿美元，增长28.3%；对欧盟出口15.18亿美元，增长25.3%；对美国出口19.71亿美元，增长15.0%；对韩国出口3.66亿美元，增长22.2%。对“一带一路”沿线国家出口额31.63亿元，增长32.0%，占全市出口总额的比重为34.3%。

全年工商新注册外资企业100家，新批千万美元以上项目34项。实际使用外资8.09亿美元，增长2.8%；协议使用外资21.40亿美元，下降2.2%。全年服务外包合同总额37.73亿美元，比上年增长14.4%，其中离岸外包合同总额13.16亿美元，增长18.2%；执行总额31.88亿美元，增长12.0%，其中离岸外包执行额11.68亿美元，增长13.5%。

产业招引创新高。2021年，全市新签约亿元以上产业项目257个，比上年增长17.4%；总投资1432.6亿元，增长42.1%；10亿元以上重大项目52个，超前两年之和；列统项目140个，列统率54.5%。签约项目数、总投资、重大项目数、列统率均创近年新高。

利用外资攻坚克难。实际使用外资创近年来新高，其中制造业外资占比62.9%，超过省平均28.6个百分点，列全省第一名。扩大开放全面升级。国家级服务外包示范城市综合评价列第14位。2021年，镇江承接服务外包执行额31.88亿美元，比上年增长12.0%。截至2021年年底，全市有服务外包企业1120家，从业人员11.15万多人。新增服务外包企业注册资金超过千万元的企业有38家，占全市新增服务外包企业的45.24%。

2021年度重大产业项目招引奖名单

金宇（丹阳）生物医药基地项目招引团队

容泰半导体集成电路芯片级封装项目招引团队

立邦新型材料华东区域生产基地项目招引团队

美科绿色高效太阳能单晶硅片项目招引团队

原轼高强度金刚石线锯项目招引团队

诺贝丽斯年产27.5万吨汽车板冷轧铝卷项目招引团队

天海高端医疗设备及压力装备制造项目招引团队

日丰集团新型应用材料华东研发生产基地项目招引团队

生泰尔动物疫苗和宠物保健食品研发及产业化项目招引团队

润泰半导体PD协议芯片研发与制造项目招引团队

2021年度镇江市“十佳招商能手”名单

扬中市新坝镇党委副书记 扬中高新区管委会常务副主任　何耀武

镇江新区招商六局局长　李 红

扬中市八桥镇党委书记　张皓玮

镇江新区招商四局局长 镇江新区新能源产业园管理办公室副主任　嵇 虹

镇江市国资委央企招商办公室主任　杨春潮

京口区谏壁街道党工委委员、办事处副主任　施宇飞

丹阳经济开发区招商局科员　秦佳伟

镇江市国际投资促进中心主任　许 峰

句容市商务局招商中心副主任　佘 斌

润州区官塘创新社区招商发展处处长 润州区官塘桥街道党工委副书记、办事处主任　范海进

2021年8月31日，2021年江苏品牌产品线上丝路行（镇江）伊拉克专场云展会开幕式举行（屏幕截图）

江中小岛化身“企业打卡点” 扬中新增37位项目合伙人

2021年4月30日，中国镇江扬中招商大会暨第十八届河豚文化节项目集中签约仪式举行，现场集中签约项目37个，总投资额达116亿元。扬中以豚兴业，借力河豚文化节的东风，进一步深化经贸洽谈与项目合作，坚持招大引强、招新引优的追求不动摇，聚焦“智能电气、新能源、临港装备制造、汽车零部件”四大主导产业，推行“链长”制招商。这次签约的37个项目涵盖智能电气元器件、高端材料、汽车配件、科技人才等多个领域，包括1亿美元或10亿元人民币以上产业项目5个，由扬中乡贤引进或直接投资的项目16个，总投资33亿元人民币，而且签约项目均为扬中主导产业的“升级版”或物联网、5G应用等新兴产业，特别是特种精密轴承项目、中广核电子加速器项目等高精尖项目，更是填补扬中空白，有效推动扬中产业补链、延链、强链，成为该市高质量发展的新“合伙人”。仪式上，还向9名产业链项目招引顾问颁发聘书。

2021年4月30日，扬中招商大会暨第十八届河豚文化节项目集中签约仪式活动现场（吉战顺 柳放 供稿）

谏壁街道天海高端医疗设备及压力装备制造项目获市2021年度“十佳项目招引奖”

2021年12月30日，江苏天海特种装备有限公司制造项目“10小时”取得建设用地规划许可证、建设工程规划许可证、不动产权证、施工许可证、审图合格证。镇江市首次实现“五证齐发”。因此，这一项目获市2021年度“十佳项目招引奖”。

京口区谏壁街道项目建设稳步推进，2021年重点区级以上产业项目达12个，完成年度投资12.779亿元，开工率100%。项目招引“成效初显”，外出招商35场次，签约项目11个，其中亿元以上项目6个。街道在服务民生、社区治理等方面也取得新成绩。

2021年，天海项目“五证齐发”，跑出“镇江速度”（本版照片均由谏壁街道提供）

2021年，谏壁街道庆祝中国共产党成立100周年大会举行

2021年，谏壁街道粮山社区居家养老服务中心建成

2021年，共谋党建发展 助力安全生产——党建联盟签约仪式举行

2021年2月4日，诺贝丽斯轻量化高端汽车铝板项目落户京口经济开发区（本版照片均由京口工业园提供）

丹徒高新技术产业园招商引资成效显著，一次签约项目20个，总投资156亿元

2021年5月10日，2021年丹徒区重点产业投资推介暨项目集中签约活动举行，签约项目20个，总投资156亿元。其中，丹徒高新园共签约天安智谷产业园、顺丰丰泰智慧仓储物流等5个项目，总投资超30亿元。

2021年，江苏产教融合科技园与丹徒高新园第三批入驻企业签约

2021年，江苏大学与江苏德晴新材股份有限公司校企研究院共建签约

【境外经济技术合作】截至2021年年底，全市批准339个境外项目，分布在全球65个国家和地区，中方协议投资20.38亿美元。2021年，新批及增资境外投资及港澳台资项目15个，中方协议投资9315.7万美元。其中，5家企业在“一带一路”沿线的泰国、新加坡、越南等5个国家投资设立5个项目，中方协议投资额5500万美元。主要投资项目：江苏锐升新材料有限公司增资越南锐升新材料有限公司3000万美元；江苏新泉汽车饰件股份有限公司增资新泉（墨西哥）汽车零部件有限公司3000万美元，建华建材（中国）有限公司并购建华地越管桩有限责任公司1800万美元。

【贸易促进工作】2021年，镇江市贸促会签发原产地证24973份，比上年增长7.5%，办理商事证明书1628份，使馆认证543份。新注册会员企业92家。完成线上展览（线上配对）项目11个、线下展览项目4个，参展企业438家，线下参展面积278平方米。举办各类线上线下经贸培训35场次，参加人数超2000人次。

服务业

•信息业•

【概况】2021年，镇江市以“四群八链”为重点，以基础设施建设、数字化转型、工业信息安全、信息消费升级为切入点，深化“互联网+先进制造业”，加快推进制造业数字化发展。

2021年，全市新建5G基站2591个，累计6866个。大全集团、恒顺集团、旺捷大数据等4家企业上线工业互联网标识解析二级节点。新增国家“两化融合贯标企业”29家、省级“星级上云企业”86家、省级“工业互联网标杆工厂”3家；2家企业分别入围国家2021年度智能制造“试点示范工厂揭榜单位”和“优秀场景名单”，创成省级“示范智能车间（工厂）”23家。

2021年，镇江市举办首届直播带货大赛颁奖典礼暨直播基地签约活动，推动形成具有镇江特色的“直播+”产业体系。大全集团、安用座椅、丹毛纺织、江苏索普等4家企业入选江苏省工业电子商务发展示范（应用创新类）名单。

2021年，江苏省示范智能车间大亚科技集团有限公司熔铸车间现场 （张闻 供稿）

【通信服务业】 2021年，镇江市完成邮政电信业务总量73.28亿元，增长21.6%，其中：邮政业务总量31.72亿元，增长29.7%；电信业务总量41.56亿元，增长27.4%。实现邮政电信业务收入72.66亿元，增长14.5%，其中：邮政业务收入34.31亿元，增长20.7%；电信业务收入38.35亿元，增长9.4%。全年完成快递业务量2.75亿件，增长43.3%；实现快递业务收入27.59亿元，增长30.5%。年末拥有移动电话用户378.59万户，其中5G手机用户89.50万户。年末互联网宽带接入用户185.51万户，增长9.4%。

2021年，镇江市新建5G基站2591个，累计建设6866个，实现市区及省级以上工业园区信号全覆盖，农村地区5G信号覆盖率50%。全市有17个1000万元以上的“5G+工业互联网融合应用”在建项目，列全省第三名。中节能、常诚汽车2家企业获省级专项资金1373万元，镇江市项目数量占比22.2%，资金占比27.1%，项目数及资金量均列全省第一名。全市有5家企业进入工业和信息化部“绽放杯”总决赛。2021年，镇江市新设台站178个，撤销台站116个，换发电台执照32个；业余无线电台执照核发新增10个、换发6个、变更6个；完成普通高考，法律资格考试，公务员考试，英语四、六级考试等重要考试无线电安全保障近30场次；查获黑广播14个，排除干扰投诉3起。

中国铁塔镇江分公司建成5G基站1541个，占镇江建设总量近70%

2021年，中国铁塔股份有限公司镇江市分公司面对5G网络部署的持续加速和不断深化，转变建设模式和服务模式，围绕5G建设新特点，发挥资源统筹共享和专业化运营优势，低成本、高效率、优服务，加快镇江通信基础设施建设，全年完成基站建设1751个，其中5G基站1541个。

2021年，宁句城际句容段铁塔侧配套施工完成 （本版照片均由铁塔公司提供）

2021年，铁塔镇江分公司全力以赴做好重保期通讯保障工作

2021年，五峰山大桥5G覆盖全线开通

【《镇江市“十四五”新一代信息技术产业发展规划》】2021年9月23日，《镇江市“十四五”新一代信息技术产业发展规划》（以下简称《规划》）正式印发。《规划》提出，到2025年，全市新一代信息技术产业规模将突破800亿元，年均增速将超过13%。《规划》提出，到“十四五”末，全市基本形成具有全面竞争力的新一代信息技术产业体系，产业高质量发展水平处于全省前列。“十三五”期间，全市新一代信息技术产业整体发展态势较好。截至2020年年底，全市拥有规模以上新一代信息技术企业180家，实现营收420亿元，初步形成高端软件、云计算与大数据、集成电路等特色板块。

【新一代信息技术产业】2021年，镇江市加快推动新一代信息技术产业链高质量发展，围绕大数据、云计算、集成电路、区块链等信息技术热点，打造“有技术、有产品、有特色、有场景”的产业生态圈，新一代信息技术产业发展态势较好。全市新一代信息技术产业实现营业收入505.3亿元，比上年增长20.3%。全年新增省重点领域首版次软件产品1个，省级区块链产业发展试点示范项目1个，省级大数据产业发展试点示范项目2个，省首席数据官制度试点企业2家，省规划布局软件企业2家，省“专精特新”软件企业7家，京口区大禹山创意新社区入选省级信创先导区储备培育库。全年新增软件企业20家，软件产品100个。市工信局、市委宣传部、市委网信办等多部门举办镇江市首届直播带货大赛，对23家企业及其产品重点集中推介，推动形成具有镇江特色的“直播+”产业体系。组织2021年全国计算机技术与软件专业技术资格考试，全年总报考人数1438人，比上年增长173%。

【第七届“i创杯”互联网创新创业大赛镇江站开赛】2021年7月1日，由镇江市工信局、镇江团市委联合主办的江苏省“i创杯”大赛镇江选拔赛暨镇江市互联网创新创业大赛在京口大禹山开赛。大赛以路演的方式进行，19支互联网企业、创业团队参赛，参赛项目涉及大数据、云计算、人工智能、5G、工业互联网等新一代信息技术领域，通过5分钟的展示和3分钟的答辩，向投资人展示各自项目的创新元素、市场前景等。“Desty东南亚社交电商工具平台”项目以全场最高分拿下直通决赛的“Pass”卡，“基于安全可控超高清视频通信云平台及应用”和“结合工业AI与分布式网络的多线多点电池片工艺质量感知系统”2个项目晋级复赛，现场有6个项目获8张投资邀请函。

2021年7月1日，第七届“i创杯”互联网创新创业大赛巡回路演（镇江站）在镇江市举行 （京口区大禹山创意新社区 供稿）

2021年11月19日，微软“创新杯”全球学生科技大赛镇江区域决赛举行 （京口区大禹山创意新社区 供稿）

【新一代信息技术产业联盟成立】2021年12月22日，镇江市新一代信息技术产业联盟成立。该联盟旨在聚集全市新一代信息技术产业生态各方力量，推动产业链区域合作和上下游衔接，促进新一代信息技术产业高质量发展，促进相关主体之间的交流与深度合作，促进供需对接和知识共享，打造产业发展共同体，推进产业链、创新链、政策链、人才链、资金链深度融合，为镇江市新一代信息技术产业高质量发展做出积极贡献。

【镇江市首届直播带货大赛】2021年10月12日，由镇江市工信局主办的“中国电信杯”镇江市首届直播带货大赛闭幕。江苏冬云文化、上海来呀文化、南京电鳐直播基地等3家直播公司签约建立镇江直播基地，5名获奖主播及5家镇江单位签约入驻基地。大赛历时3个月，10名主播分别获一、二、三等奖以及“人气王”“互动王”、新秀奖等奖项。

2021年10月12日，镇江市首届直播带货大赛闭幕式现场 （冬云 来俊 供稿）

·金 融·

【概况】2021年年末，镇江市金融机构人民币存款余额6692.67亿元，比年初增加400.62亿元，其中，住户存款3093.96亿元，比年初增加329.61亿元。年末金融机构人民币贷款余额6958.27亿元，比年初增加852.85亿元，其中，短期贷款301.49亿元，比年初增加36.07亿元；中长期贷款1749.45亿元，比年初增加171.69亿元。年末全市拥有银行业金融机构35家，其中政策性银行1家、大型银行6家、股份制商业银行10家、城市商业银行2家、外资银行1家、农村合作金融机构10家、新型农村金融机构5家。

证券市场较快发展。年末上市挂牌企业总数512家，其中当年新增129家。A股上市4家（同力日升、威腾电气、通灵股份、明月镜片），新三板挂牌32家，江苏股权交易中心挂牌125家。保险业稳定增长。年末拥有保险机构63家。全年实现保费收入147.52亿元，比上年增长3.4%。其中，寿险公司114.81亿元，增长3.9%；财产险公司32.71亿元，增长1.5%。全年赔付额40.56亿元，比上年增长10.4%。其中，财产险公司赔付21.10亿元，增长14.4%；寿险公司赔付19.47亿元，增长6.4%。

2021年度金融服务贡献奖名单

工商银行镇江分行
农业银行镇江分行
中国银行镇江分行
建设银行镇江分行
交通银行镇江分行
邮储银行镇江市分行
江苏银行镇江分行
中信银行镇江分行
兴业银行镇江分行
南京银行镇江分行

2021年8月25日，镇江市启动金融服务乡村振兴“金穗行动镇镇行”活动 （王朋 供稿）

镇江新一轮财政金融“助力贷”上线

2021年4月8日，镇江市召开财政金融“助力贷”新闻发布会，根据“助力贷”产品运行一年来的总体情况，市财政和各行业主管部门与银行全面开展第二轮签约，签署新一轮的2021版财政金融“助力贷”产品协议，全面实现产品“增量、降价、提质、扩面，融资规模明显增长、融资结构更加优化”的整体目标。

2021年4月8日，财政金融“助力贷”新闻发布会举行 （柳放 供稿）

2021年4月13日，京口区政府与紫金农村商业银行签约仪式举行 （王朋 供稿）

2021年度金融服务贡献奖单位中信银行镇江分行外景 （李峻 供稿）

浦发银行镇江分行营业部获“2021年银行业网点文明规范服务千佳示范单位”称号

2021年11月，上海浦东发展银行镇江分行营业部被中国银行业协会授予“2021年银行业网点文明规范服务千佳示范单位”称号。浦发银行镇江分行始终致力于积极构建诚信友爱、温暖和谐的金融消费关系，积极参与放心消费创建工作，促进金融消费市场健康有序发展，2021年，浦发银行镇江分行获“2021年度江苏省放心消费示范单位”称号。

2021年，上海浦东发展银行镇江分行营业部外景 （金玫 供稿）

2021年12月21日，南京银行镇江分行新大楼迁址揭牌仪式举行 （本版照片均由南京银行镇江分行提供）

南京银行镇江分行获“2021年度镇江金融服务贡献奖”

南京银行镇江分行下辖7家营业机构，2021年实现镇江行政区域全覆盖。开业8年，秉承“立足镇江，服务镇江，建设镇江”的经营理念，为镇江经济社会高质量发展注入动力。获镇江市“金融服务贡献奖”“综合金融服务平台工作先进单位”等荣誉。

2021年12月20日，南京银行镇江京口支行开业

2021年7月，南京银行镇江分行新员工培训

2021年，“新年新楼新气象，再接再厉再出发”旺季营销誓师大会举行

2021年度镇江金融服务贡献奖单位建设银行镇江分行外景 （卞婕 供稿）

中国农业发展银行镇江分行被评为“镇江市服务乡村振兴优秀单位”

镇江农发行聚焦国家粮食安全、乡村振兴、城乡融合发展、涉农实体经济，坚持统揽新发展阶段支农任务，全年累放贷款88.71亿元，比上年增加20.23亿元，年末各项贷款余额275.52亿元，比年初增加14.32亿元，擦亮“粮食银行”“水利银行”“农地银行”“绿色银行”特色品牌。被市人行评为服务乡村振兴优秀单位，创成“二级分行直营业务标杆单位”。

2021年，农发行警示教育大会举行 （农发行镇江分行 供稿）

2021年，农发行学党史演讲比赛举行 （农发行镇江分行 供稿）

2021年，农发行银企共建植树活动 （农发行镇江分行 供稿）

2021年，农发行新冠肺炎疫情防控演练举行 （农发行镇江分行 供稿）

·商贸流通·

【概况】2021年，镇江市实现社会消费品零售总额1346.83亿元，比上年增长17.9%。按经营单位所在地分，城镇市场零售额1217.66亿元，增长18.2%；乡村市场零售额129.17亿元，增长15.7%。按消费形态分，批发业零售额228.39亿元，增长23.1%；零售业零售额987.44亿元，增长17.2%；餐饮业零售额124.48亿元，增长15.1%；住宿业零售额6.51亿元，增长9.2%。限额以上批发零售业通过网络实现的商品零售额比上年增长11.0%。

在限额以上批发和零售业零售额中，粮油食品、饮料烟酒类增长11.0%，化妆品类增长5.4%，金银珠宝类增长23.7%，日用品类增长100.4%，家用电器和音像器材类下降18.6%，文化办公用品类下降11.0%，通讯器材类增长13.1%，石油及制品类增长63.7%，汽车类下降6.1%，建筑及装潢材料类增长35.9%。

镇江举行“镇江味道·招牌菜”大赛

2021年6月7日，经过近两个月的激烈角逐，“镇江味道·招牌菜”大赛公布结果，12道“金奖本帮菜 ”、2道“银奖本帮菜”，36道“金奖、银奖、铜奖招牌菜”出炉。这是镇江首次官方推出“本帮菜”概念和评选，以“镇江味道”擦亮地方特色餐饮文化品牌。

2021年4月，“2021镇江味道·招牌菜”大赛开幕式举行 （柳放 供稿）

部分金奖本帮菜（从左至右）：白汁鮰鱼、鸡汁干丝、蟹粉狮子头、镇江醋排 （柳放 供稿）

华润燃气获省级“放心消费创建示范单位”称号

“你用气，我用心”——镇江华润燃气着力打造“镇好”服务。镇江华润燃气立足行业和经营实际，以文明凝聚人心，用“镇好”服务激发干劲，持续广泛深入推进服务质量提档升级。强化党建引领，打造聚合引擎；倡导业绩导向，拓展服务范围；坚持客户导向，打造优质服务；履行社会责任，践行央企使命。2021年4月，镇江华润燃气获省级“放心消费创建示范单位”称号。

2021年4月，华润燃气获省级“放心消费创建示范单位”称号 （本版照片均由华润燃气提供）

2021年，“润燃·镇好”服务品牌工作启动

2021年，华润燃气参加“政风行风热线”节目

2021年，“水电气路 服务先锋”党建联盟签约仪式举行

2021年，上党210万立方米LNG储配站

丹阳眼镜跨境电商产业园上榜省级跨境电商产业园

2021年11月，江苏省商务厅发布2021年度江苏省跨境电子商务产业园名单，丹阳眼镜跨境电商产业园榜上有名。

跨境电商产业园是推进跨境电商发展的重要载体平台。眼镜产业是丹阳市支柱产业之一，有较完善的产业链及社会化分工、规模化配套、上下衔接的产业体系，具有突出的行业优势、鲜明的产业特色，产业及相关配套工贸企业1600多家，从业人员近5万人，产品涵盖眼镜产业各个领域，在世界眼镜行业具有举足轻重的地位。随着互联网不断发展，丹阳市眼镜电商产业茁壮成长。丹阳眼镜电商产业园2021年5月揭牌，总占地面积3600平方米，促进了新一批眼镜跨境电商企业的发展。

2021年，丹阳眼镜跨境电商产业园（丹阳眼镜城）掠影 （韩佳声 供稿）

2021年10月22日，在“2021国网电动出行博览会”上，镇江文广集团获“中国充电设施行业杰出运营平台”称号 （孙悦萌 供稿）

2021年1月，镇江万达广场商业管理有限公司被认定为国家级绿色商场，图为商场掠影 （卞婕 供稿）

·交通物流·

【概况】2021年年末，镇江市有公路总里程6873.82千米，其中高速公路210.45千米。年末全市机动车保有量80.88万辆，比上年增长6.0%，其中私人汽车保有量62.37万辆，增长4.7%。年末市区拥有公交线路163条，当年新辟优化37条；拥有公共交通车1583辆，其中当年新购13辆。在全省率先实现市、县、乡公交一卡通、乘车移动支付全覆盖，公交社会满意率90%。年内五峰山过江通道、宁句城际建成通车，312国道宁镇段快速化改造、346国道城区段城市化改造工程开工建设，扬中市创成全国城乡交通运输一体化示范县。全年公路客运量1661.3万人，下降35.7%。公路旅客周转量7.2亿人千米，下降27.7%。公路货运量6283万吨，增长6.8%；水路货运量1094万吨，增长14.3%。公路货物周转量96.97亿吨千米，增长3.7%；水路货物周转量48.78亿吨千米，增长41.7%。有港口2个，码头泊位331个，码头总延长31407米。其中5万吨级以上深水泊位25个。铁路里程339.6千米。通用机场1个。全年完成港口货物吞吐量2.47亿吨，下降31.5%，其中长江港口吞吐量2.37亿吨，下降32.4%；港口集装箱吞吐量43.55万标箱，增长16.9%。

【交通运输基础设施建设】2021年，镇江市完成交通建设投资70亿元。南沿江城际铁路路基基本完成，宁句城际轨道开通运营，扬镇宁马城际铁路镇江段完成工程可行性报告。五峰山过江通道接线高速通车，312国道宁镇段快速化改造工程开工建设，丹金高速工程可行性报告获批。镇江港建成5个5万吨级码头泊位，全省首座LNG岸基式加注站码头建成投运，苏南运河“四改三”整治工程竣工、绿色现代航运综合整治工程全省率先开工。大路机场开通新沂—镇江—黄山全省首条短途通勤航线。

全年实施89.3千米国省干线公路养护大中修工程项目，农村公路改造道路17千米、农桥3座。开工建设312国道宁镇段快速化改造工程项目。创成省级“美丽农村路”样板路4条、“平安放心路”4条、“水韵江苏”最美乡村桥3座。

物流运输降本增效。枢纽体系布局优化，上隍物流园项目加快推进，惠龙港智慧物流枢纽、宝华物流中心建设完工。新辟联运线路2条，完成多式联运量452万吨，增长6.3%。新开公铁联运班列108列，完成集装箱公铁联运量3万标箱，增长10%。推进“物联网+物流”产业升级，新培育1家网络货运企业，整合车辆数超30万辆，完成在线交易额11亿元以上。

2021年，京杭大运河苏南运河“四改三”整治工程竣工，绿色现代航运综合整治工程全省率先开工。图为丹阳段 （孙悦萌 供稿）

全国首条“未来高速公路”——五峰山过江通道南北公路接线通车

2021年6月30日，全国首条“未来高速公路”、江苏省首条新建双向八车道高速公路——五峰山过江通道南北公路接线正式通车。

五峰山过江通道南北公路接线，是长三角高速公路网和江苏“十五射六纵十横”高速公路网规划中“纵四”的重要组成部分，是北接京沪高速、南连沪宁高速的江苏“南北中轴”，也是京津冀和长三角之间南北向最便捷的过江通道。它起自京沪高速正谊枢纽，途经扬州江都区仙女镇、滨江新城，广陵区李典镇、头桥镇和镇江市丹徒区高桥镇，止于镇江新区大港枢纽，全长约33千米。

2021年6月30日，五峰山长江大桥南北公路接线开通车现场会举行 （王荣明 供稿）

2021年，五峰山长江大桥南北公路镇江新区段掠影 （王荣明 供稿）

高桥港区润祥LNG加注站码头正式投入运营

2021年12月20日，镇江港高桥港区润祥LNG加注站码头投入运营。这一项目建设加注站1座，包括2个1万吨级LNG动力船加注泊位、2个250立方米LNG储罐及相关配套设施。这是江苏第一座岸基式加注站，是贯彻“共抓大保护，不搞大开发”长江经济带发展总基调的具体行动，是践行“气化长江，绿色发展”的重要举措。

2021年12月20日，镇江港润祥LNG加注站码头运行启动仪式举行 （高桥镇政府 供稿）

三座桥梁在“水韵江苏”最美乡村桥评选中获荣誉

2021年6月起，江苏省组织开展“水韵江苏”最美乡村桥评选，镇江市3座桥梁最终上榜。句容市秦淮河大桥获评“平安放心桥”，镇江市丹徒区辛丰公路桥获评“致富小康桥”，句容市固江口水库桥获评“诗情画意桥”。

2021年，丹徒区辛丰公路桥掠影 （孙悦萌 供稿）

2021年12月18日，346国道城区段城市化改造工程开工 （王朋 供稿）

句容市有机农业圈线获2021年度江苏“美丽农村路”称号

句容市有机农业圈线起于266省道和340省道交叉口，终于104国道，全长22千米，位于茅山九龙山中，途经方山生态园、李塔水库、新四军水坝、赵亚夫事迹馆等景点，山水相依，景色瑰丽，是不可多得的天然氧吧路、拍照美景路、运动健康路。该线还获2021年江苏“平安放心路”称号。

2021年，句容市有机农业圈线九龙山风景区“福”道掠影 （孙悦萌 供稿）

【宁句城际开通运营】2021年12月28日，宁句城际正式开通。S6号线（宁句城际）是《南京都市圈发展规划》批复后首条开通的南京都市圈市域轨道交通线路。S6号线（宁句城际）起于南京东部综合换乘枢纽马群站，途经麒麟、汤山、黄梅、句容北部新城、句容城区，终于句容高铁站。线路全长43.59千米，设车站13座，其中地下站7座、高架站6座；南京段包括马群站、百水桥站、麒麟门站、东郊小镇站、古泉站、南京猿人洞站、汤山站、泉都大街站8座车站，句容段包括黄梅站、童世界站、华阳站、崇明站、句容站5座车站；车辆采用市域B型车，列车最高运行速度为120千米/小时。

2021年12月28日，江苏宁句城际（S6号线）开通运营 （王军 供稿）

2021年，镇江港大港港口全景图 （孙悦萌 供稿）

2021年，新312国道掠影（朱文 供稿）

•旅 游•

【概况】2021年，镇江市实现旅游业总收入776.39亿元，接待国内游客5563.56万人次，实现国内旅游收入774.51亿元；接待入境过夜游客1.37万人次，实现旅游外汇收入2725.71万美元。截至年底，全市有国家A级旅游景区30家，其中，国家AAAAA级旅游景区2家（金山焦山北固山旅游景区、茅山旅游景区），国家AAAA级旅游景区7家（镇江博物馆、南山景区、西津渡历史文化街区、宝华山国家森林公园、镇江醋文化博物馆、中国米芾书法公园、江苏茶博园），国家AAA级旅游景区11家。有省级旅游度假区3家（茅山湖旅游度假区、世业洲旅游度假区、水晶山旅游度假区）；有全国乡村旅游重点村镇3家（句容市丁庄村、丹徒区五套村、句容市茅山镇），省级乡村旅游重点村7家（丹阳市柳茹村，句容市戴庄村、陈庄村、丁家边村，扬中市利民村，丹徒区卫星村、世业村）。全市有旅行社120家，其中，出境旅行社12家，国内旅行社108家；江苏省星级旅行社35家，其中，五星级1家，三星级26家。有旅游星级饭店27家，其中，五星级3家、四星级5家、三星级13家。全市有导游2537人。

2021年，镇江市以全域旅游建设为切入点，编制《“三山一湖一渡”旅游规划》，印发《“宜游镇江”三年行动计划（2021—2023）》，推进“宜游镇江”建设。培育乡村旅游典型。举办第三届“美丽镇江乡村游”嘉年华。镇江市入选世界乡村旅游产业示范城市，句容市天王镇入选世界乡村旅游产业示范乡镇。句容市茅山镇创成全国首批乡村旅游重点镇（全省4家）；丹阳市柳茹村、句容市陈庄村等4家创成省乡村旅游重点村，丹徒“山水间·又见浮玉”民宿获评全国首批乙级民宿。全市国有A级景区全部实现在线预约服务。“宜游镇江”微信公众号及电商平台获评2021年度江苏省智慧文旅培育项目。旅游对外宣传。市文广旅局、江苏旅游日韩推广中心开展合作，邀请驻上海日本旅行商、韩国旅行商到镇江实地考察，开发旅游线路5条。镇江市参加澳门国际旅游产业博览会展览，举办主舞台、小舞台专场推介2场，接待游客咨询2200余人次。

2021年4月7日，镇江发布10条乡村游精品路线 （柳放 供稿）

2021年，国家AAAAA级旅游景区金山焦山北固山旅游景区之金山旅游景区掠影 （张弛 供稿）

2021年，国家AAAAA级旅游景区金山焦山北固山旅游景区之焦山旅游景区掠影 （鲍育瑞 供稿）

2021年，国家AAAAA级旅游景区金山焦山北固山旅游景区之北固山旅游景区掠影（张弛 供稿）

2021年，国家AAAAA级旅游景区茅山旅游景区掠影（张弛 供稿）

2021年，国家AAAA级旅游景区南山景区掠影（张弛 供稿）

2021年，国家AAAA级旅游景区西津渡历史文化街区掠影（张弛 供稿）

2021年，国家AAAA级旅游景区江苏茶博园掠影（刘学武 供稿）

2021年，国家AAAA级旅游景区宝华山国家森林公园掠影（王军 供稿）

"山水间·又见浮玉"精品民宿获全国乙级民宿称号

2021年1月，全国旅游标准化技术委员会公布全国第一批等级民宿，镇江"山水间·又见浮玉"精品民宿获乙级民宿称号。该民宿位于丹徒区世业洲，白墙黛瓦的建筑古朴素雅，配套齐全，管理高标准，服务有特色，并在促进农旅融合等方面发挥作用。

2021年，"山水间·又见浮玉"精品民宿外景（又见浮玉 供稿）

2021年，“镇江转转卡2.0”卡上线（屏幕截图）

“镇江转转卡2.0”获2021年度江苏省文旅产品创新大赛二等奖

2021年7月，“镇江转转卡2.0”正式上线运营。卡内有主要景区10个，性价比提高。24小时卡产品总值400元+，售价95元；48小时卡产品总值500元+，售价188元，还可享受酒店折扣、特色美食、伴手好礼等。

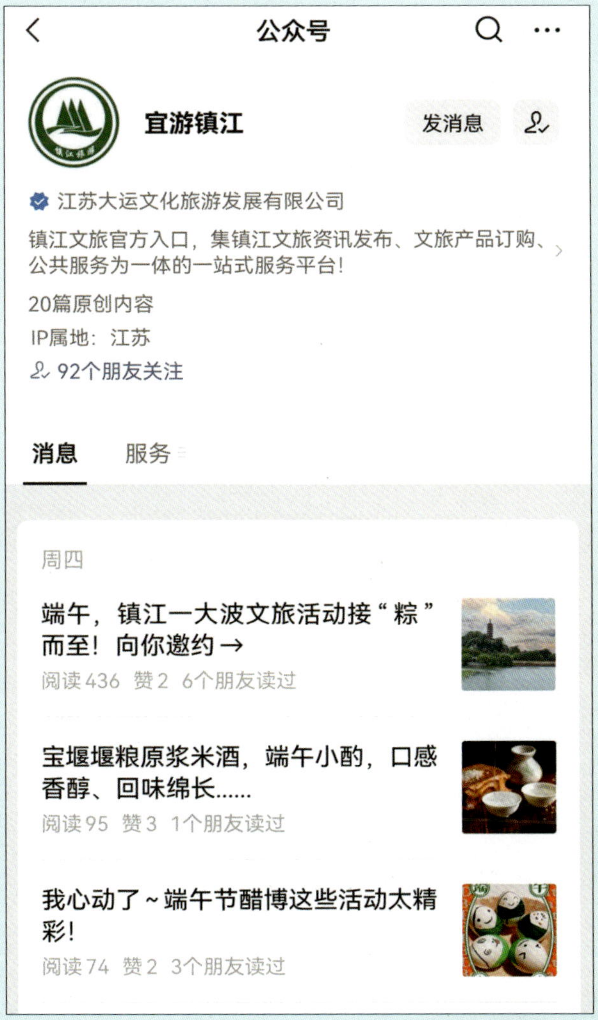

2021年，“宜游镇江”微信公众号及电商平台获评2021年度江苏省智慧文旅培育项目（屏幕截图）

【全域旅游建设】2021年，镇江市推进全域旅游示范区创建，推动“宜游镇江”建设。推出一批精品文化旅游产品，西津渡历史文化街区、大运河文化带研学游等9个项目入选江苏“运河百景”标志性运河文旅产品。“扬中特色文化探寻自驾游”“丹徒江岛水乡田园文化体验之旅”2条线路入选2020年度十大长三角自驾游（短线类）线路；“‘千年吴楚秀，百年醋香醇’文化之旅”“舳舻千里，诗意江南——镇江、扬州、苏州三市品质游”2条线路入选2020年度十大长三角自驾游（文旅融合类）线路。“镇江市福地养生一日游”入选全国“体验脱贫成就 助力乡村振兴”乡村旅游学习体验线路，句容丁庄村“葡萄串起产业链 丁庄致富‘金果果’”入选全国“体验脱贫成就·助力乡村振兴全国乡村旅游扶贫示范案例”。茅山新四军纪念馆入选全国“建党百年红色旅游百条精品线路”之“致敬新四军·不忘革命路”线路的首发站，“走进茅山抗日根据地，重温东进序曲”线路入选江苏省文旅厅“永远跟党走”红色旅游线路。

“走进茅山抗日根据地，重温东进序曲”线路入选江苏省“永远跟党走”红色旅游线路

2021年6月，“走进茅山抗日根据地，重温东进序曲”线路入选江苏省文旅厅“永远跟党走”红色旅游线路。线路由句容茅山陈庄村、茅山新四军纪念馆、茅山“铁军营”、白沙惨案纪念碑、赵亚夫事迹馆等组成。

2021年，“走进茅山抗日根据地，重温东进序曲”线路部分红色景点掠影（苏凡 张弛 供稿）

【旅游节庆活动】2021年，镇江市举办第十五届中国镇江金山文化艺术·国际旅游节，策划“幸会舞台”“全民派对”“寻魅镇江”“焕彩之城”四大板块61项子活动。市文广旅局、镇江市旅游协会举办第二届长三角自驾游产业发展大会暨2021中国大运河“驰骋文旅”启动仪式，承办江苏省政府“水韵江苏 有你会更美”文旅消费第一季成果发布暨第二季启动仪式。全年开展中国农民丰收节（丹阳主场）、句容草莓文化旅游节、扬中河豚文化节、丹徒“米芾杯”国际青少年书法大赛、京口首届吴文化旅游节、润州“HIFI西津渡”、镇江新区黄明文化旅游节等活动。

2021年10月12日，2021中国农民丰收节镇江·丹阳主场开幕式举行 （范仁毅 供稿）

2021年春节期间，市文化馆上演“梨园闹新春”等多台节目（张梅 供稿）

2021年9月30日，“HIFI西津渡”篝火晚会举行（朱武江 供稿）

2021年10月19日，千人旗袍秀在南山景区上演（陆志林 供稿）

2021年3月21日，丹阳市首届樱花节开幕（潘金龙 供稿）

2021年4月1日，镇江新区第四届黄明旅游文化节在圌山公园开幕（欣文 供稿）

2021年3月13日，扬中市第十八届河豚文化节开幕（欣文 供稿）

ZHENJIANG
TUJIAN
(2022)
ZHENGZHI
JIANSHE
PIAN

镇江图鉴（2022）
政治建设篇

综 述

【概况】2021年，镇江市锚定“三高一争”奋斗指向，巩固拓展“跑起来”好势头，实现“十四五”精彩开局。谋划制定现代化新镇江建设战略安排。统筹新冠肺炎疫情防控和经济社会发展大局，高水平全面建成小康社会。找准定位、明晰方向，提出现代化新镇江“六大愿景”，部署推动“五大关键战”。开展党史学习教育，凝聚“三高一争”力量。紧抓发展第一要务，产业强市获进展。产业升级步伐加快。实施“链长制”，出台重点产业链“五图六清单”，“四群八链”应税销售增长显著。举办上海、深圳等系列招商活动。与微软、华为、阿里深化合作，新增国家两化融合贯标企业18家。营商环境优化。全面开展人才“镇兴”行动，“1+8”政策矩阵落地，举办系列“招才引智”活动。实施“扬帆计划”，新增上市公司4家。启动“金穗行动”，“农村普惠金融服务发展”项目成为全国唯一获批地级市试点。打造“镇合意”服务品牌，失信修复工作走在全省前列，“五送五助”“周六我在岗”等工作获好评。科技型中小企业备案增长172%，鱼跃医疗、和成显示获全国专利金奖；举办首届南京都市圈创新合作大会暨高校院所走进镇江产学研对接活动。推进能耗“双控”，遏制“两高”项目发展。举办第五届国际低碳（镇江）大会暨碳达峰碳中和2021金山峰会，“低碳镇江”影响力扩大。新增城镇就业5.9万人，帮扶困难群体再就业2.9万人。市县两级乡村振兴局挂牌。11类民生实事实施，全省“双减”试点扎实推进。深化医药卫生体制改革，推出“镇江惠民保”。全面落实“三孩”政策，成立市老龄协会，建成3个全国示范性老年友好型社区。举办第16届市运会。推进全国文明城市建设，创成国家公共文化服务体系示范区，入围“东亚文化之都”候选城市，公共数字文化服务效能列全省第一。赵亚夫当选“全国脱贫攻坚楷模”，糜林当选第八届“全国诚实守信模范”。国土空间规划近期实施方案获省级批复，盘活及处置各类批而未供、闲置用地1000公顷。一批突出环境问题整改销号；发布“建设美丽镇江、打造幸福河湖”总河长令，地表水国考断面优III比例列全省第一，$PM_{2.5}$改善率5.3%。五峰山过江通道接线高速、宁句城际建成通车，312国道宁镇段快速化改造、346国道城区段城市化改造正式开工，南沿江城际铁路等一批重大基础设施有序推进。危房解危、老旧小区改、断头路整治加快实施。新冠肺炎疫情防控常态化开展，加快推进疫苗接种。政府债务化解成效明显，金融生态环境优化。生产安全事故起数和死亡人数连续20年保持“双下降”。推进市域社会治理现代化试点建设，常态化开展扫黑除恶斗争，完成政法队伍教育整顿任务。在全省首家成立党内法规研究中心，行政复议体制改革顺利推进，“七五”普法高质量收官。

全面从严治党成效明显。扎实开展党史学习教育，形成“一人一重点、领办解难题”等特色品牌。推进群众性精神文明创建，精心组织庆祝中国共产党成立100周年等重大活动。完成县乡党委、村（社区）“两委”换届。严格落实中央八项规定精神，切实有效为基层减负，精文减会、规范创建达标评比表彰、统筹督查检查考核工作取得实效。深化党风廉政建设和反腐败斗争，完成本届市委任期内巡察全覆盖，全面从严治党群众满意度位居全省前列。市委认真执行民主集中制，支持人大、政府、政协依法履职，地方立法质效稳步提升，协商民主建设成效显著。

2021年9月26日，中国共产党镇江市第八次代表大会召开 （《创新》编辑部 供稿）

2021年9月28日，中国共产党镇江市第八届委员会第一次全体会议召开 （《创新》编辑部 供稿）

2021年1月19日，镇江市第八届人民代表大会第六次会议召开 （马镇丹 供稿）

2021年1月18日，中国人民政治协商会议镇江市第八届委员会第五次会议召开 （谢道韫 供稿）

2021年2月5日，中国共产党镇江市第七届纪律检查委员会第六次全体会议召开（《创新》编辑部 供稿）

2021年7月23日，镇江市委、市政府、镇江军分区“八一”军政座谈会暨新一轮全国双拥模范城创建动员会召开（《心连心》编辑部 供稿）

2021年度市级机关“十佳服务品牌”名单

市文广旅局：传承红色文化——“四百”红色文化系列活动

市发改委：打造“镇合意”营商环境服务品牌

市交通运输局：八路通达之“运河 919”

市公安局：易民办·一警通

市卫健委：助您健康·从心出发

市委网信办：网事三部曲

市商务局：服务帮办　马上就办

市委党校：信仰力量希望红色学府

市税务局：镇合意·税e行

市教育局：智教育　云课堂（名师网络助学）

2021年度十佳书记项目名单

机关党员志愿者疫情防控“敲门行动”（特别项目）——市委市级机关工委

现代农业产业党建联合体建设——句容市委

选派“红色代办员”　争做“金牌店小二”　助推产业强市“跑起来”——丹阳市委

“红色源动力”党员教育管理提升项目——润州区委

红色“快递员”　护航“稳就业”——市人社局党委

创五好党建　助聚力同心——市政协机关党组

打造“镇合意”营商环境服务品牌——市发改委党组

打造“镇好办”党建联盟协同优化营商环境——镇江供电公司党委

“四度”融合构筑党建引领下的组织育人新高地——江苏大学党委

红色教育“铸魂”工程——句容市茅山风景区党工委

2021年度市级机关“十佳服务先锋岗”名单

市外办：市涉外联防联控专项指挥部驻昆山专班

市市场监管局：镇江市消费者协会

市财政局：市住房公积金管理中心城区客户服务部

市司法局：镇江公证处

市统计局：固定资产投资统计处

市总工会：镇江市职工服务中心

市科技局：区域创新处

市人社局：镇江市人力资源社会保障12333咨询中心

市政务服务办：镇江12345政务服务便民热线

市自然资源和规划局：镇江市不动产登记交易中心业务受理科

2021年度市级机关“十佳效能标兵”名单

市民政局社会组织管理局（行政审批处）局长（处长） 贡 艳

市公安局交警支队车辆管理所检验科科长 张 俊

市农业农村局植保植检站高级农艺师 朱友理

市中级人民法院民二庭副庭长、四级高级法官 丁奕帆

市医疗保障局待遇保障处处长 罗 宁

市安全生产监察支队商贸业执法大队副大队长 李海云

市委宣传部宣传教育处（国防教育处）处长 杨 林

市纪委监委第二审查调查室副主任 王慧峰

市委办公室秘书二处处长 严 江

市委统战部办公室四级主任科员 张 然

2021年4月29日，全市抗击新冠肺炎疫情表彰大会召开（王朋 供稿）

2021年6月2日，“风雨同舟·筑梦同心”镇江市政协庆祝建党100周年诗书画印联展启动仪式举行 （孙悦萌 供稿）

2021年6月9日，中央党校学习时报社与镇江市委联合举办“学四史 守初心”——发展壮大党校红色阵地联盟交流研讨会举行 （施魏 供稿）

2021年6月27日，全市统战系统在韦岗抗战纪念馆开展党史学习教育主题实践活动（施魏 供稿）

2021年11月30日，市总工会等部门召开2021年“工会食堂”建设管理总结推进会 （范翊 供稿）

2021年5月22日，团市委等部门联合举办“缘聚青春、镇在等你”镇江市青年人才联谊活动 （柳放 供稿）

2021年12月29日，镇江市妇女第十五次代表大会开幕暨第一次全体会议召开 （市妇联 供稿）

镇江为1.8万多名“光荣在党50年”老党员拍摄纪念照

“七一”前夕，镇江的老党员在收到纪念章的同时，还收获一份特别的礼物。镇江各级党组织为全市1.8万多名获“光荣在党50年”纪念章的老党员拍摄纪念照，作为庆祝中国共产党成立100周年的政治纪念。拍摄并制作完成后，各级党组织将装裱好的照片送到老党员手中，还张贴在基层党群服务中心，作为党员教育的重要内容。

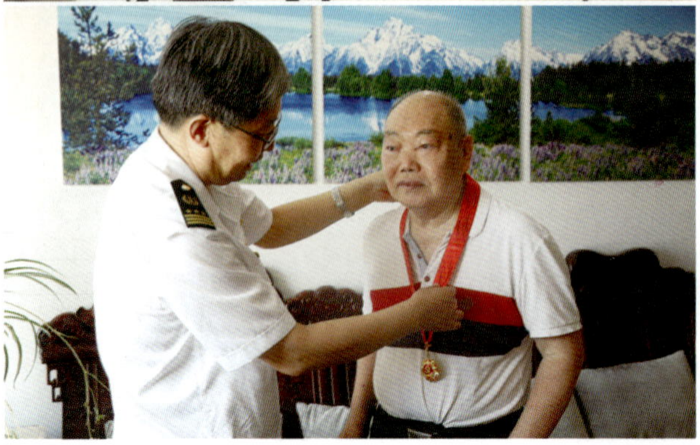

2021年“七一”前夕，润州区、镇江海事局、市老干部活动中心等单位给获“光荣在党50年”纪念章的老党员拍摄纪念照（柳放 董根年 刘玉宝 供稿）

2021年，赵亚夫当选“全国脱贫攻坚楷模”（《央视新闻》海报）

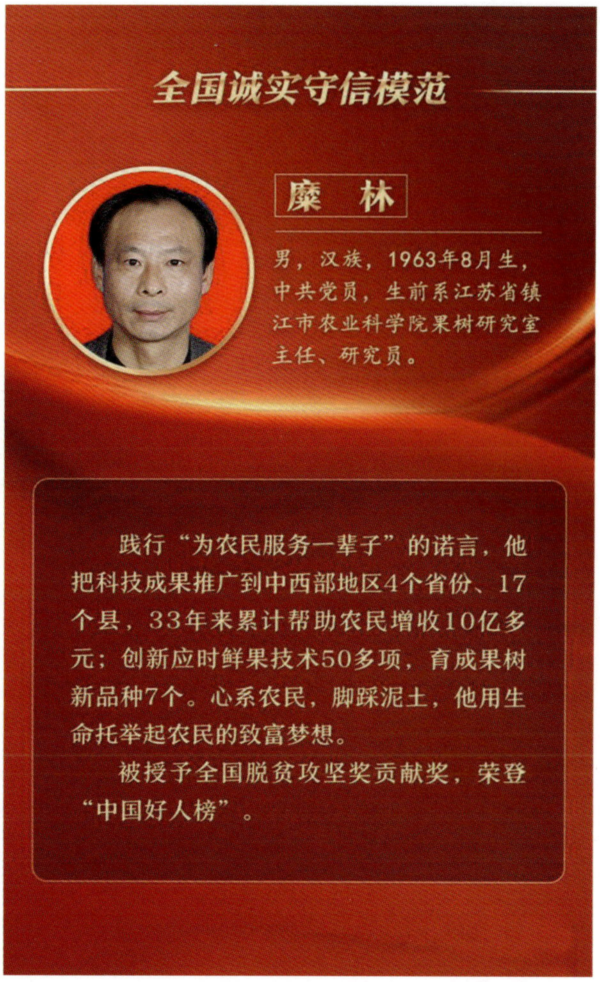

2021年，糜林当选第八届“全国诚实守信模范”（《新华日报》海报）

2021年度优化营商环境“甘露奖”名单

镇江市发展和改革委员会

镇江市公安局

镇江市民政局

镇江市财政局

镇江市人力资源和社会保障局

镇江市商务局

镇江市市场监管局

镇江市中级人民法院

镇江市税务局

镇江供电公司

2021年2月8日，镇江市产业强市暨优化营商环境大会“甘露奖”颁奖现场 （本版照片均由镇江中院提供）

2021年度优化营商环境“甘露奖”单位——镇江市中级人民法院

2021年，镇江中院忠诚履职、实干担当，全面深化高质量司法实践，狠抓执法办案第一要务，受理案件86821件，审执结案件78428件。全市法院服务保障产业强市战略，审结商事案件9771件，标的金额45.66亿元；审结涉黑涉恶案件8件51人，常态化开展“见‘镇’执行”专项行动236次，执结案件23809件，执行到位64.61亿元。

2021年，镇江法院少年案件审判庭在镇江中院集中揭牌

2021年，镇江中院组织开展“雷霆行动2021——见‘镇’执行”专项行动

2021年，镇江中院组建普法团队，深入句容丁庄葡萄种植基地，开展精准普法、送法下乡活动，助力乡村振兴

2021年，镇江中院联合“法治第二课堂”走进镇江市中山路小学，为该校近300名师生及家长开设生动的法治课

2021年度优化营商环境“甘露奖”单位——镇江市市场监督管理局

2021年，全市市场监管部门着力深化改革、强化监管，将守初心、担使命落实到规范市场秩序、保障市场安全、优化质量供给上。砥砺奋进促发展，聚焦质量、标准化、知识产权强市战略，获中国专利金奖2项、驰名商标1个、中国质量奖提名奖1项，2项国家高端装备制造标准化试点和4项省级标准化试点通过验收。凝心聚力稳市场，获评镇江市优化营商环境“甘露奖”单位、“十佳服务先锋岗”等称号，全市受理消费者投诉、举报、咨询42135件，为消费者挽回经济损失1359万元。餐饮安全“文俊‘镇’好”服务品牌被中国食品安全大会评为“推进食品安全社会共治”优秀案例。

2021年10月14日，镇江市标准化领军人才（企业）发布会举办 （市市场监督管理局 供稿）

2021年，市市场监督局对中储粮镇江粮油有限公司开展食品安全生产规范体系检查（市市场监督管理局 供稿）

2021年，市市场监督局集中销毁30吨侵权假冒伪劣商品（市市场监督管理局 供稿）

2021年度优化营商环境“甘露奖”单位市人社局开展“延时服务”，非工作时间为企业和群众办理人社业务 （任珏 供稿）

2021年度优化营商环境“甘露奖”单位——国家税务总局镇江市税务局

坚持党建引领，锚定“争做示范、争创一流、走在前列”目标定位，2021年，国家税务总局镇江市税务局在“比学赶超、争先进位”上下力气、出实招，聚力“带好队伍”、推动“干好税务”；在攻坚克难中大步前行，在开拓进取中担当争先，弘扬干事创业的精气神和奔跑追赶的执行力，圆满完成各项工作任务，实现“十四五”精彩开局。

2021年6月，学党史 促“双提”——营商环境“百日竞赛”启动暨“镇合意·税e行”发布仪式举行 （市税务局 供稿）

2021年，“镇合意·对话青商”走进税务主题活动暨青商纳税人之家签约仪式举行（市税务局 供稿）

2021年，开展便民办税春风行动（市税务局 供稿）

2021年度社会治理现代化先进镇、街道名单

句容市茅山风景区
丹徒区世业镇
丹阳市陵口镇
句容市华阳街道
扬中市新坝镇
扬中经济开发区（兴隆街道）
镇江新区大路镇
丹徒区宜城街道
句容市边城镇
京口区四牌楼街道
丹阳市皇塘镇
润州区官塘桥街道

2021年度社会治理现代化先进镇、街道——扬中经济开发区（兴隆街道）

扬中经济开发区（兴隆街道）坚持创新基层社会治理，全力构建共治共享社会治理新格局，凝心聚力创建“和美兴隆”特色品牌。以基层引领夯实基层社会治理根基，构建19个村居支部引领、村（居）委主导、妇联和综治小组等多方力量共同参与的基层治理体系。以数智赋能提高基层社会治理效率，研究开发社会治理网格化大数据平台，以专职网格员为依托，通过手机App“平安e通”智能程序，实现“让数据多跑路，群众少跑腿”的一站式服务。运用法制思维和方式，破解难题，引导辖区村居百姓养成在法制轨道上主张权利、解决纠纷的习惯，促进村居和谐，百姓安康。

2021年，大美经开区（兴隆街道）掠影 （方志飞 供稿）

句容市华阳街道获评2021年度镇江市社会治理现代化先进街道

位于句容城区东部的华阳街道，面积120平方千米，人口近10万人。2021年，华阳街道坚持“产业强市”一号战略不动摇，立足区位、交通优势，围绕“融入南京、接力镇江”发展定位，不断增强发展后劲，洽谈推进中电光谷、中交智慧交通、建筑区块链等26个产业项目，进一步汇聚发展新动能。2021年，华阳街道获江苏省第七次全国人口普查工作成绩显著集体、镇江市社会治理现代化先进街道、镇江市信访积案攻坚化解先进单位、退役军人工作模范单位等多项荣誉。网格内全员核酸检测应急演练获得上级肯定并作经验推广。

2021年，句容市人民政府与中电光谷战略合作签约仪式举行

2021年，华阳街道议政代表会成立大会召开

2021年，“百年青春心向党 奋进华阳青年说”学党史演讲比赛举行

2021年，网格内全员核酸检测应急演练举办

2021江苏句容第二届华阳福桃文化节举行 （本版照片均由华阳街道提供）

2021年12月，镇江市网格规范化标准化工作现场会在润州区七里甸街道金星社区举行 （本版照片均由七里甸街道提供）

润州区七里甸街道智慧化、现代化的城市治理有成效

七里甸街道地处镇江市核心主城区，街道积极探索并不断构建全面共建共享的基层治理新格局，推出“星期六社区”、“7312”错时执法、疫情防控集成指挥“双调度”等一系列基层治理创新举措。街道金星社区探索形成网格治理“133”工作法，坚持在以居民群众需求为导向的实践中激活治理效能。2021年12月31日，镇江市网格规范化标准化工作现场会在七里甸街道金星社区举行。

2021年12月25日，万科社区离退休干部政治生活室揭牌

2021年12月6日，南徐曙光社区红星玫瑰苑小区消防升级改造竣工

2021年6月23日，“光荣在党50年”纪念章颁发仪式举行

2021年4月2日，镇江市举行“清明祭英烈”活动，并开展市委理论学习中心组现场教学 （柳放 供稿）

2019—2021年度江苏省文明单位——镇江市烈士陵园

镇江市烈士陵园建于1966年，有烈士纪念碑、烈士陵墓、烈士纪念馆等九处红色纪念建筑景观。陵园以“褒扬先烈、教育后人”为宗旨，开展“北固红枫”烈士事迹宣讲、“丹青抒怀颂英烈”镇江烈士警言警句书画笔会、烈士纪念日纪念活动等爱国主义教育活动。2021年，开设“信仰如铁 初心如磐——镇江建党史”现场党课，拍摄“信仰之光”系列视频和园歌《五星红旗为什么这样红》MV。编印烈士连环画、《热血壮歌——镇江英烈事迹集》等教育资料。成功申报江苏省红色地名，获“2019—2021年度江苏省文明单位”、市级机关工委“先进基层党组织”、镇江市“社科普及先进单位”等称号。

2021年，镇江市烈士陵园开展的部分活动和编印的爱国主义教育资料 （市烈士陵园 供稿）

2019—2021年度江苏省文明单位镇江市老干部活动中心掠影 （卞婕 供稿）

2019—2021年度江苏省文明单位镇江市委党校全景 （高书香 供稿）

2021年，镇江海关监管首批干线集装箱出口（本版照片均由镇江海关提供）

2021年，镇江海关对进口加拿大小麦进行检疫

2019—2021年度江苏省文明单位——镇江海关

2021年，镇江海关重拳打击走私违法活动，深入开展“国门利剑2021”“蓝天2021”等反走私专项联合行动，查获固体废物硫磺460.095吨，全部退运出境；查获走私书籍9298本，其中8014本被鉴定为淫秽书籍；查获枪管1支、三唑仑100粒；全年侦办刑事案件8起，其中海关总署缉私局挂牌督办2起。切实践行总体国家安全观，实现镇江口岸船员换班新冠肺炎疫情“零输入、零感染”。全年截获有害生物275种14678种次，助力镇江港近20年来首次开通国际集装箱班轮。优化口岸营商环境，镇江口岸进出口整体通关时间压缩比好于全省平均水平。2021年，镇江海关完成税收入库63.44亿元，监管进出口货物3442万吨，监管进出境船舶3216艘。被授予“2019—2021年度江苏省文明单位”称号。

2021年，镇江海关对入境船舶开展登临检疫

2021年，镇江海关查获侵权汽车配件

2021年，镇江海关监管460.095吨固体废物退运出境

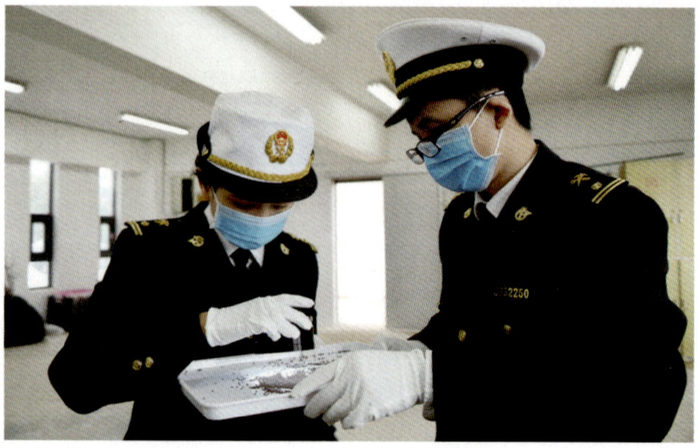

2021年，镇江海关监管蔬菜种子出口非洲

镇江市工商联获全省工商联创新工作突出贡献奖

2021年，镇江市工商联聚焦高质量发展，深化改革创新。引导企业家不忘实业报国初心，牢记产业强市使命。组织49名初创型成长型科技企业家参加第三期“双百菁英”特训营，依托88家纳税人之家，开展“春雨润苗”专项行动，联合举办“贷动小生意、服务大民生”甘露行动，授信额超10亿元，现场发放信用贷款960万元。常态化开展“五送五助”民企服务活动，举办企业家沙龙活动，组织实施企业家日接待制度，联合举办“民企扬帆法治护航”涉企犯罪预防活动，开展“万所联万会”工作；成立中小微企业委员会。推进商会人民调解，总商会人民调解中心被评为“江苏省优秀商会调解组织”。

2021年6月22日，市工商联镇江市工商联中小微企业委员会成立　（本版照片均由工商联提供）

2021年，市工商联党史学习教育动员会议召开

2021年，市工商联与人民银行联合开展“贷动小生意、服务大民生”金融支持小微企业个体工商户“甘露行动”

2021年，市工商联与检察院联合举办“民企扬帆 法治护航”法律知识竞赛

2021年，市工商联举办“万人重走长征路公益徒步接力赛”（镇江专场）活动

官塘桥村党委被镇江市委评为“镇江市先进基层党组织”

官塘桥村位于镇江市南，是官塘桥街道办事处驻地。重点打造的“智慧官塘”产业楼企业入驻率100%，是镇江市乡村振兴现场观摩会润州区唯一观摩点。新建“驿路先锋”便民服务站、“微社区邻里服务中心”。曾获“全国综合减灾示范村”“全国科普惠农兴村先进单位”等称号。

2021年，官塘桥村党委被镇江市委评为“镇江市先进基层党组织”，村退役军人服务站被评为“2020年十佳村（社区）退役军人服务站”，“有事好商量”协商案例被市政协评为2021年度“创新案例”。

2021年，“点亮群众夜生活”便民服务活动举办（本版照片均由官塘桥村提供）

2021年，乡村振兴——墙绘美丽乡村活动举办

2021年，廉政书法进社区活动举办

2021年，“完善村规民约，树立文明新风”专题协商议事举办

2021年度法治镇江建设十大新闻

1. 市委召开全面依法治市工作会议
2. 镇江市成立党内法规研究中心
3. 市委政法委出台优化法制化营商环境26条措施
4. 我市出台《镇江市城乡网格化服务管理实施细则》
5. 少年案件审批庭全覆盖
6. 试点企业合规改革，助推企业健康发展
7. 我市圆满完成行政复议体制改革任务
8. 镇江市涉外法律服务中心成立
9. 全国首部跨区域轨道交通协同立法
10. 我市打造“家门口式”诉讼服务中心

润州区人民法院被评为全省优秀法院

镇江市润州区人民法院紧紧围绕“努力让人民群众在每一个司法案件中感受到公平正义”的工作目标，积极践行司法为、民公正司法主线，牢牢抓住政法队伍教育整顿契机，不断加强审判执行工作和自身建设，努力打造一支忠诚干净有担当的法院队伍，各项工作取得新进展。2021年，全年受理案件11112件，审执结10197件，比上年分别上升25.35%和25.66%。被评为2021年全省优秀法院，金山湖人民法庭被评为全省法院党建工作先进集体。

2021年，润州区法院走访企业，护航复工复产

2021年，润州区法院集中发放执行案款

2021年，润州区法院人民陪审员任命大会暨首期培训班召开

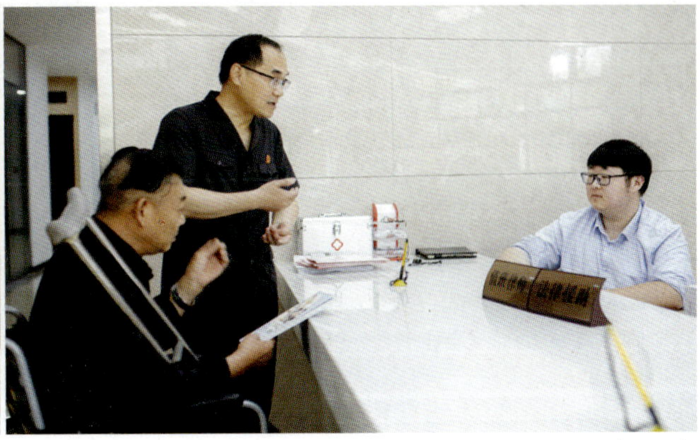

2021年，润州区法院邀请残疾人体验“一站式”诉讼服务 （本版照片均由润州法院提供）

2021年1月10日，镇江市公安系统举办庆祝中国首个警察节活动 （董根年 供稿）

2021年11月22日，“1016特大盗窃黄金商铺案”发还仪式在镇江市公安局京口分局举行 （董根年 供稿）

2021年，市委政法委统筹指导，协同8部门在全省较早设立第三方监督评估机制管理委员会 （本版照片由市检察院提供）

镇江检察机关被省检察院授予“全省护航民企检察工作贡献奖”荣誉

2021年，镇江检察机关践行落实“讲政治、顾大局、谋发展、重自强”检察工作总要求，坚持“稳中求进，勇争一流”总基调，协调推动“四大检察”“十大业务”均衡发展。办理各类案件10548件，32件案件入选全国、全省典型案例，其中1件入选全国检察机关指导性案例。10项工作在省级会议交流，16次获市党政主要领导及省检察院领导批示肯定，以考评分第一名的成绩获评全国检察机关“文明接待室”，3项工作入选镇江“十佳”法治惠民实事。29个集体和个人获省级以上表彰，1名干警被最高检评为“优秀办案检察官”，5人获全省竞赛“业务标兵”，10项理论成果获省以上表彰。在全省较早成立第三方监督评估机制管理委员会，经验被最高检转发，被市委纳入未来五年重点工作，被省检察院授予“全省护航民企检察工作贡献奖”。

2021年，润州区法院全市检察机关“光荣献给党”讲述会举行

2021年，镇江检察机关会同住建、城管等部门在全市开展打击窨井盖犯罪专项行动

2021年，镇江检察机关联合农业农村部门开展“十年禁捕·镇益护江”普法宣传活动，增殖放流1000多千克成鱼

京口法院“一廊三馆”普法基地列入“省级法治文化建设示范点”

2021年12月，江苏省法治宣传教育工作领导小组办公室公布第八批“省级法治文化建设示范点”，京口区人民法院“一廊三馆”普法基地榜上有名。“一廊三馆”2021年6月建成，分户外法治教育长廊、“红色初心”党建馆、院史馆和镇江市图书馆法治分馆，在审判法庭为主阵地的基础上，进一步向公众开展普法宣传。2021年10月获评镇江市社科普及示范基地。

2021年，“法在星中伴成长”法院开放日活动举办（本版照片由京口法院提供）

2021年，京口法院法官送法进校园，为青少年普及民法典知识

2021年，京口区法律援助中心驻谏壁人民法庭工作站挂牌成立

2021年，京口法院京口法院“劳动争议审判庭”揭牌

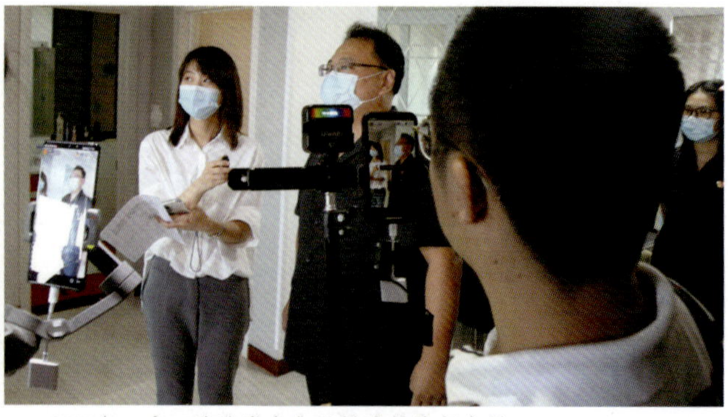

2021年，京口法院常态化开展凌晨执行直播

扬中籍院士包信和领衔的中国科学院大连化学物理研究所团队获殊荣

2021年11月3日，2020年度国家科学技术奖励大会在北京举行，镇江扬中籍院士包信和领衔的中国科学院大连化学物理研究所团队获国家自然科学一等奖。

自20世纪90年代中期开始，包信和带领团队从事纳米催化的基础和应用研究，20多年孜孜不倦。创建具有广泛意义和普适性的“纳米限域催化”概念，引领和推动催化科学和技术的发展。项目获2020国家自然科学一等奖。

包信和，镇江扬中人，中国科学院院士、中国科学技术大学校长。主要从事表面化学与催化基础和应用研究。获评2016年度最具影响力的十大“科技创新人物”。

2021年11月3日，包信和院士领衔的团队获国家自然科学一等奖　（柳放　供稿）

2021年11月18日，2021年两院院士增选结果揭晓，句容市后白中学校友、古鱼类学家朱敏（左）当选中国科学院院士，镇江籍医学专家贾伟平（右）当选中国工程院院士　（汪露　供稿）

ZHENJIANG
TUJIAN
(2022)
WENHUA
JIANSHE
PIAN

镇江图鉴（2022）
文化建设篇

综 述

【概况】文化服务体系提升完善。2021年，镇江市有艺术表演团体5个，文化馆7个，公共图书馆7个，文化站56个，博物（纪念）馆14个，美术馆3个。年末有线电视用户59.82万户，其中数字电视用户59.34万户。年末拥有省级以上重点文物保护单位67处，其中全国重点文物保护单位13处。全年开展“四百”系列红色演出1163场、红色展览2098场、唱革命歌曲艺术辅导2192场、红色惠民旅游活动943场。高质量举办第十五届中国镇江金山文化艺术·国际旅游节，精心策划“幸会舞台”“全民派对”“寻魅镇江”“焕彩之城”四大板块61项子活动。镇江市入选2023年“东亚文化之都”候选城市。

2021年度镇江文化十大新闻

1. 我市开展系列文艺活动庆祝建党100周年
2. “文化金山”微信公众号上线
3. 全市文艺创作精品迭出
4. 镇江入选2023年“东亚文化之都”候选城市
5. 第十五届中国镇江金山文化艺术·国际旅游节举办
6. 扬剧《茶山女人》荣获江苏省“文华大奖”
7. 我市两项目入选首批省“无限定空间非遗进景区试点项目”
8. 苏颂纪念堂开放
9. “程默杯”全国摄影展举办
10. 镇江博物馆新馆、镇江市美术馆新馆开馆

镇江市开展多种文艺活动庆祝中国共产党成立100周年

镇江市各地、各单位和广大人民群众以及文艺工作者，以多种文艺形式，举办丰富多彩的活动，载歌载舞，喜庆党的百年华诞，赞颂党的丰功伟绩。

2021年7月2日，市委宣传部组织庆祝中国共产党成立100周年500人快闪活动 （王凯 供稿）

2021年6月30日，“红心向党 争做模范”镇江市级机关庆祝中国共产党成立100周年文艺汇演举行 （张梅 供稿）

2021年6月18日，市住建局组织“住”梦百年 “建”镇荣光——庆祝中国共产党成立100周年职工文艺演出活动 （王凯 供稿）

2021年6月25日，全市法院庆祝中国共产党成立100周年文艺汇演举行（施宗苑 供稿）

2021年6月21日，京口区健康路街道庆祝中国共产党成立100周年专场活动举行（健康路街办 供稿）

2021年5月1日，市体育会展中心“百年大庆嘉年华”公益展演举行（张兴淮 供稿）

2021年6月30日，市自然资源和规划系统“红心向党　奔跑镇江”庆祝中国共产党成立100周年文艺汇演举行（市自然资源和规划局 供稿）

2021年6月29日，市卫健委“奋斗百年路 两康谱新篇”庆祝中国共产党成立100周年文艺演出举行（市卫健委 供稿）

2021年，润州区南山街道鹤林社区开展“红色诗词润初心”书香南山读书活动（鹤林社区 供稿）

2021年，“聚志愿力量 迎建党百年”——“12349”公益服务进社区活动启动（陆瑞玉 供稿）

2021（第十五届）中国镇江金山文化艺术·国际旅游节

2021年9月29日晚，2021（第十五届）中国镇江金山文化艺术·国际旅游节开幕。“两节”串联全市文化艺术和旅游优势资源，促进文化艺术旅游消费，展现镇江文艺、镇江美景和镇江美味，提升名城镇江的知名度、美誉度和影响力。“两节”为期一个月，共有四大板块61项子活动。

2021年9月29日，2021（第十五届）中国镇江金山文化艺术·国际旅游节开幕式现场　（张梅　供稿）

2021（第十五届）中国镇江金山文化艺术·国际旅游节期间，全市各地开展多场文艺活动 （张梅 供稿）

“程默杯”助力奔跑·美丽镇江全国摄影作品展举办

程默，丹徒宝堰人，中国共产党的第一代摄影家、新闻电影家，代表作品有《鲁迅葬礼》《重庆大轰炸》《转战陕北》《重庆谈判》《开国大典》等。由中国摄影家协会、市委宣传部、市文联等举办的“程默杯”助力奔跑·美丽镇江全国摄影作品展，自2021年6月起向全国征稿，共收到来自全国各地的摄影作品7000多幅，经评审共50幅作品获奖。

2021年6月24日，“程默杯”助力奔跑·美丽镇江全国摄影作品展开镜仪式举行（孙悦萌 供稿）

2021年12月28日，“红色记忆——程默摄影图片展”在江苏省委党校开展（吴呈昱 供稿）

2021年11月，扬剧《茶山女人》获第五届江苏省“文华大奖” （文广旅局 供稿）

扬剧《茶山女人》获江苏省“文华大奖”

2021年11月，扬剧《茶山女人》获第五届江苏省“文华大奖”。该剧由镇江市文广旅局、镇江文广集团联合出品，镇江市艺术创作研究中心、镇江市艺术剧院联合演出。

2021年12月10日，苏颂纪念堂竣工对外开放仪式举行 （施志 供稿）

苏颂纪念堂竣工开放

2021年12月10日，北宋名相、杰出科学家苏颂辞世920周年纪念日。镇江市苏颂纪念堂竣工对外开放。苏颂是北宋时期著名政治家、天文学家、天文机械制造家、药物学家，官至宰相，徙居镇江直至终老。苏颂纪念堂位于镇江城西五洲山麓的“宋相魏国公苏颂祠”内，三间展室，图文并茂地展示苏颂的人生事迹，突出展现苏颂勇攀科技高峰和勤政为民、刚正不阿的光辉形象。

镇江博物馆新馆开馆

2021年6月26日，镇江博物馆新馆开馆暨“奔流——镇江近代历史陈列”开展仪式举行。镇江博物馆新馆位于博物馆广场东侧，总建筑面积7822.41平方米。主场馆为地上三层和地下一层，设置有常设展厅和临时展厅。

2021年6月26日，镇江博物馆新馆开馆暨“奔流——镇江近代历史陈列”开展仪式举行（赵欢 供稿）

镇江市美术馆新馆开馆

2021年10月12日，镇江市美术馆新馆开馆，首届江苏省“瘗鹤铭·书法篆刻展”开幕。镇江市美术馆新馆坐落于长江路80号，是中国人民银行旧址、镇江金融历史发展中的重要历史建筑、市文保单位。镇江市美术馆新馆在进一步完善镇江市美术展馆布局的同时，让这座文物得到“活态”利用。

2021年10月12日，镇江市美术馆新馆开馆、首届江苏省“瘗鹤铭·书法篆刻展”开幕（美术馆 供稿）

文学艺术

【概况】2021年10月，第五届江苏省文华奖评选结果揭晓，扬剧《茶山女人》获“文华大奖”，主演龚莉莉获“表演奖”，作曲王啸冰获“音乐奖”；扬剧《革命媳妇》获“优秀节目奖”。开展“一首歌唱响一座城”镇江主题歌曲征集活动，入选歌曲被第十五届中国镇江金山文化艺术·国际旅游节采用。南京航空航天大学创排话剧《旋翼人生》、宝应县淮剧团创排淮剧《浪起宝应湖》、镇江市艺术创作研究中心创排小扬剧《河约》在镇江参加江苏省庆祝中国共产党成立100周年优秀舞台作品展演；孙炜作品《战淮河》、常卫平作品《新姿——建设中的五峰山长江特大桥》、张雷作品《“强富美高”新江苏》入选江苏省庆祝中国共产党成立100周年美术书法精品展；王中明作品《暖冬》、蒋丹东作品《华彩啷当》入选江苏省文华奖优秀美术书法作品展。3月16日—4月16日，由中国女画家协会、中共镇江市委宣传部、镇江市文广旅局、镇江市文联联办的第九届“百花争艳”江苏省女书画家作品展在镇江市美术馆展出。10月12日，由江苏省书协、中共镇江市委宣传部、镇江市文广旅局、镇江市文联联办的首届江苏省“瘗鹤铭·书法篆刻展”在镇江市美术馆新馆开展。2月9日—3月14日，由中共镇江市委宣传部、镇江市文广旅局、镇江市文联主办的第八届“灵秀镇江——百年回眸”美术、书法作品展在镇江市美术馆展出。12月25日，由全国教育书画协会、中国国际书画艺术研究会、中国文字博物馆、镇江市政府共同主办的“百年风华”——第四届“米芾杯”国际青少年书法大赛优秀作品展开幕式在镇江市美术馆新馆举行。6月6日—7月10日，由镇江市文广旅局主办的“鹤鸣浮玉翰墨芳华”——庆祝中国共产党成立100周年长三角女书法家扇面作品邀请展在焦山书画院展出。12月18日晚，由市文广旅局、市史志办公室主办的“镇江志”音乐会全球首演活动在镇江西津音乐厅举办。

2021年，“百年江苏”大型美术精品创作工程作品展作品：孙炜《大运河新颜——镇江段》（左）、赵建平 徐伟灵《江苏最美奋斗者——赵亚夫》（中）、杨雷《镇江新貌》（右）（沈美 供稿）

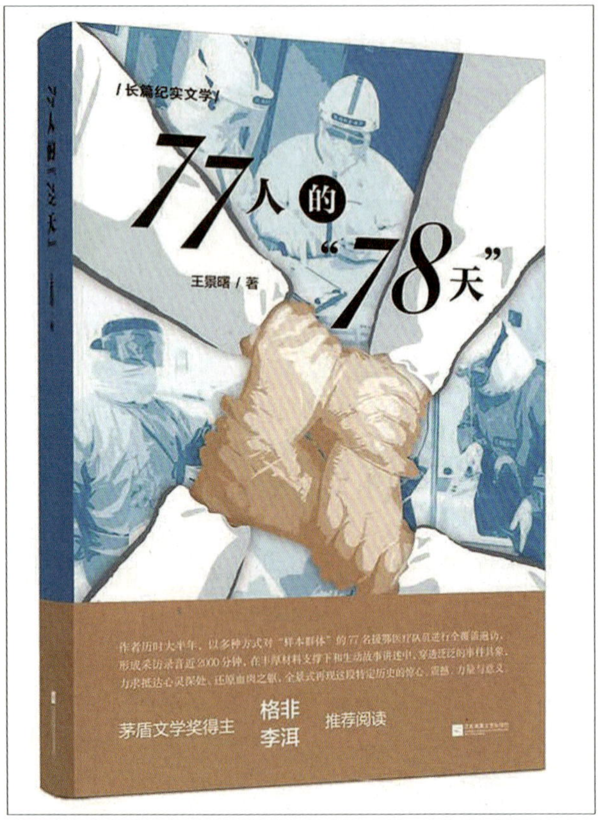

2021年11月，《77人的“78”天》出版 （施志 供稿）

长篇纪实文学《77人的“78天”》出版

王景曙创作的长篇纪实文学《77人的“78天”——2020战疫·镇江援鄂医疗队远征纪实》，2021年11月由江苏凤凰文艺出版社出版。

《77人的“78天”》是江苏省第一本以地级市援鄂医疗队为题材创作并正式出版的图书，全书共30万字。作品被列为镇江市重大文艺创作生产项目、镇江市宣传思想文化人才项目、镇江市文联重点文艺作品项目。王景曙历时大半年，以多种方式，采访了77名镇江援鄂医疗队员。在丰厚的素材支撑和生动的故事讲述中，穿透泛泛的事件具象，抵达心灵深处、还原血肉之躯，全景式再现这段特定历史的惊心、震撼、力量与意义。

锡剧《太平洲上》参加紫金文化艺术节展演

2021年9月19日，扬中锡剧团的原创现代锡剧《太平洲上》参加紫金文化艺术节新创舞台剧目会演。《太平洲上》讲述太平洲江滨村党委书记林玉芬与前任老支书、村慈善工作站站长严宗慈帮助因病返贫的徐东保一家走出困境的故事。故事取材于现实生活，颂扬农村基层党组织的为民初心和慈善人的大爱情怀，富有浓郁的地域色彩。

2021年9月19日，锡剧《太平洲上》参加紫金文化艺术节新创舞台剧目会演 （孙悦萌 供稿）

2021年，在第五届江苏省文华奖评选中，扬剧《茶山女人》主演龚莉莉获“表演奖”，扬剧《革命媳妇》获“优秀节目奖”（市文广旅局 供稿）

2021年，镇江市艺术创作研究中心创作的小扬剧《河约》参加江苏省庆祝中国共产党成立100周年优秀舞台作品展演（彭果光 供稿）

云阳街道灯谜上榜“中国民间文化艺术之乡”

丹阳市云阳街道灯谜历史悠久、群众基础深厚，形成吴文化、江淮文化和中原文化交汇融合的地域特色，曾被评为2014—2016年度“中国民间文化艺术之乡”。近年来，云阳谜社等文化团队不断发展壮大。此外，丹阳市还启动传统文化传承基地建设，广泛开展内容健康、形式多样、主题鲜明的灯谜活动，丰富群众文化生活，有效提升公共文化服务效能。2021年10月，云阳街道灯谜再次上榜文化和旅游部公布的“中国民间文化艺术之乡”名单。

2021年，云阳街道开展丰富多彩的灯谜活动（云阳街道 供稿）

第五届省紫金合唱节镇江获历史最好成绩

2021年6月，第五届江苏紫金合唱节，镇江拿到5块奖牌，并首次获得优秀组织奖。魏星华获优秀指挥奖，周国岐《映山・印象红》获优秀作品奖，镇江市老年大学合唱团获成人B组铜奖，丹阳五中梦之韵合唱团获少年组银奖。

2021年，第五届江苏紫金合唱节比赛和颁奖现场（《文化金山》 供稿）

大型文献纪录片《陈光甫》获“第27届中国电视纪录片盛典”长片十优作品奖

2021年12月11日，第27届中国纪录片学术盛典开幕式上，第27届中国电视纪录片十佳十优作品揭晓，由镇江广播电视台和市档案馆联合摄制的大型文献纪录片《陈光甫》获“第27届中国电视纪录片盛典”长片十优作品奖。

《陈光甫》以陈光甫具有传奇性的金融实业生涯为线索，深入挖掘民国镇江工商业及相关的金融重要史料，讲述民国镇江工商业的峥嵘岁月，再现民国时期镇江民族工商业在内忧外患中艰难生存发展的历程，彰显镇江人代代相传的敢为人先、不畏艰难、奋勇进取的创业精神。

2021年12月11日，大型文献纪录片《陈光甫》获“第27届中国电视纪录片盛典”长片十优作品奖 （视屏截图）

邵同义大师工作室获评省级乡土人才大师示范工作室

2021年6月，江苏省人社厅公布2021年度江苏省省级乡土人才建设发展项目评审结果，邵同义大师工作室获评省级乡土人才大师示范工作室。

邵同义，江苏省工艺美术大师，书画、刻瓷艺术家。15岁拜师学习书画刻瓷，20世纪90年代，从山东引进十余名刻瓷艺人在丹阳创办江苏省第一家专业化手工刻瓷企业——丹阳市同贵艺品公司。他推陈出新，泼墨泼彩雕刻、薄胎瓷雕刻、颜色釉雕刻等技法取得较大发展。作品多次获国家、省级专业博览会金奖，被中国美术馆、德国曼海姆美术馆收藏。他还获亚太地区“‘金飞鹰奖’终身成就”荣誉称号。

2021年，邵同义作品《仿古山水四条屏》获省第六届民间文艺奖“优秀民间工艺美术作品奖”

邵同义在进行刻瓷创作（江云伟 供稿）

挖掘米芾文化资源，举办多项创新活动

2021年12月25日，“百年风华——第四届‘米芾杯’国际青少年书法大赛优秀作品展”在镇江市美术馆新馆开幕。丹徒区长山文化产业发展有限公司深入挖掘系列文化资源，不断拓宽米芾文化产业链，加快米芾文化跨界融合，多轮驱动文化事业和文化产业创新发展。2021年4月1日起，采用“云直播”方式，举办“云赏米芾”系列活动，邀请书法名家在线上进行文化对话、互动交流，品鉴传播米芾文化。百年风华——第四届“米芾杯”国际青少年书法大赛历时近五个月，以镇江中国米芾书法公园为主赛场，设北京、上海、西安、绍兴等分赛场及70余处分赛点。全国各地830名选手参加决赛。最终确定有效参赛作品820件，评选出各个奖项。

2021年4月，“云赏米芾”系列活动“云直播”现场（长山文化产业发展有限公司 供稿）

2021年，百年风华——2021守望汉字嘉年华暨第四届“米芾杯”国际青少年书法大赛比赛现场（长山文化产业发展有限公司 供稿）

2021年11月1日，“镇江市摄影界2019—2020创作汇报展”在西津画院开幕　（镇江摄协 供稿）

2021年11月7日，“王筱茹师生书画展”在健康路体育公园开幕　（张弛 供稿）

2021年11月16日，2021年度全民艺术普及“乡村（社区）文艺播种计划”优秀成果展演活动现场 （张梅 供稿）

镇江市举办“乡村（社区）文艺播种计划”集中展演

2021年11月16日，2021年度全民艺术普及“乡村（社区）文艺播种计划”优秀成果展演活动在大市口广场上演，来自基层的16支文艺团队表演器乐合奏、舞蹈、小品、朗诵剧等节目，为观众奉上一场丰富多彩的文化大餐。

镇江市以深化国家公共文化服务体系创新发展为引领，全面开展全民艺术普及“乡村（社区）文艺播种计划”志愿辅导。2021年，面向各村（社区）征集到舞蹈、声乐、器乐、戏曲、书法、绘画等文化活动需求608项，选派298名文艺志愿辅导老师对接基层文艺需求，开展志愿辅导2500余场。

2021年1月1日，安徽黄梅戏“文化走亲”演出在镇江市青少年活动中心举行 （张梅 供稿）

全国革命根据地红色文化研学大会在茅山举行

2021年6月19日，由中共镇江市委、江苏省委党校、中国新四军研究会、江苏省旅游协会主办的全国革命根据地红色文化研学大会在句容茅山举行，大会以“传承红色基因、弘扬红色文化、推动红色研学旅游”为主题，分“传承红色基因主题活动”“红色文化研学大会”“红色文化研学论坛”三个板块，参会嘉宾就红色文化研学各抒已见。会上，为“江苏省红色研学旅行示范基地”“江苏省党史教育基地”“江苏省省级机关党员教育培训基地”揭牌。

2021年，全国革命根据地红色文化研学大会活动现场　（王朋　供稿）

第二届镇江市“群星奖”舞台艺术类决赛举行

2021年11月23日，第二届镇江市“群星奖”舞台艺术类决赛在丹徒文化艺术活动中心举行，17个节目同台亮相，竞相角逐，其中包括音乐类5个、舞蹈类4个、戏剧类8个。

镇江市“群星奖”是群众文化艺术政府奖，每两年评选一次，从全市原创群文作品中评出优秀作品予以表彰奖励。参评项目包括音乐、舞蹈、戏剧、曲艺类作品。

2021年，第二届镇江市“群星奖”舞台艺术类决赛举行（张梅 供稿）

2021年6月3日，“热血披戎装　青春献国防”征兵宣传文艺表演举行　（谈玥　供稿）

“5+2”延时服务艺术公益课程在市外国语学校开课

2021年10月18日，镇江市文化馆“5+2”延时服务艺术公益课程在市外国语学校开课，引领学生走进艺术殿堂，感受艺术魅力。作为全省“双减”试点城市，镇江高度重视学生综合素质的提升，结合“延时服务”，将具有广泛群众基础，具备一定专业性的系列艺术公益课程带进课堂，弥补学校在非学科素质教育方面的短板。此次艺术公益课程共开设9门，包括书法、竹笛、校园剧创作、合唱、舞蹈、朗诵与演讲、播音主持、编导等。

2021年10月18日，市文化馆“5+2”课后延时服务艺术公益课程在外国语学校开课　（谈玥　供稿）

文化遗产保护

【概况】截至2021年，全市境内有文物保护单位299处，其中，国保单位（含大运河）13处，省保单位54处，市县级文保单位232处。有国有博物馆、纪念馆共14家，国有博物馆、纪念馆馆藏文物约4万件（套）。当年向上争取文物保护资金1693万元，其中，组织镇江英国领事馆旧址消防工程、京口闸遗址展示工程等6个项目向国家争取文物保护专项资金1366万元；组织绍宗国学藏书楼修缮工程、新丰车站抗日战斗旧址保护修缮工程等5个项目争取到省级文物保护专项资金327万元。全年全市争取省级以上非遗补助专项资金29项、630.9万元。全市有国家级名录项目9项、省级名录项目39项、市级名录项目136项、区（县）级名录199项；国家级代表性传承人6人，省级代表性传承人21人，市级代表性传承人95人。镇江恒顺醋文化博物馆成为首批10个江苏省非遗旅游体验基地之一；孙氏太极拳、唐老一正斋膏药制作技艺、丹阳唧当等7个项目获2021年省级非遗保护专项资金补助。发挥博物馆社教功能，举办“5·18”国际博物馆日、“第七届民俗文化周”、文化和自然遗产日等系列活动，镇江博物馆“运河风物‘镇’知道——寻访镇江大运河文化带”项目入选2021年度江苏省博物馆优秀教育案例；“奔流——镇江近代历史陈列”入选江苏省2021年度“弘扬优秀传统文化 培育社会主义核心价值观”主题展览项目。

镇江7处上榜首批省级水利遗产

2021年11月，江苏省水利厅公示江苏省首批省级水利遗产名录，镇江7处榜上有名。分别是镇江潮位站、京口闸遗址、玉山大码头遗址（西津渡）、珥陵灌区、练湖闸、新四军水坝和赤山闸。

2021年，首批省级水利遗产京口闸遗址全貌 （孙悦萌 供稿）

京口闸遗址

京口闸位于镇江市润州区中华路古通江运河遗址上，遗址2012年经考古发现，包括已发现的半边和现埋藏于中华路下的部分。已发现的一半遗址由明清京口闸东闸体、明清时期石岸、明清道路、清代碑亭基及龟趺座、清代码头等遗迹组成。2019年，京口闸遗址被列入江苏省人民政府第八批省级文物保护单位。

从唐代至清代，京口闸是漕运咽喉和经长江南上北下的交通枢纽。至清代晚期因通火车，其“江南运河第一闸”的功能才逐渐弱化，直至民国时期被填埋为路。

2021年，京口闸遗址部分遗迹景观（孙悦萌 供稿）

镇江潮位站

镇江潮位站位于长江南岸的镇江市北固山北麓，1904年由镇江海关测候所设立水尺观测潮位，1936年建造自记水位设施记录长江水位过程，2004年由镇江市政府设立为镇江市水利文物，立碑保护。镇江潮位站是江苏境内第一个长江干流潮位观测站和镇江地区最早的水文观测站，收集的潮位资料为镇江地区乃至长江沿线的防汛抗旱防洪减灾发挥较大作用，为长江河势稳定提供翔实水情数据，也为地方建设发挥较大的作用。

2021年，位于镇江市区北固山北麓的首批省级水利遗产镇江潮位站 （张弛 供稿）

2021年，首批省级水利遗产玉山大码头遗址 （张弛 供稿）

“奔流——镇江近代历史陈列”入选江苏省主题展览

“奔流——镇江近代历史陈列”基本陈列是镇江博物馆的常设展览，入选江苏省2021年度“弘扬优秀传统文化 培育社会主义核心价值观”主题展览。展览以城市史为脉络，以革命史为重点，以历史发展阶段为经，以重大革命事件为纬，展现镇江人民从1840年至1949年，推翻帝国主义、封建主义、官僚资本主义的反动统治，为民族独立、人民解放做出的历史贡献。分为“鸦片战争 血战镇江”“镇江开埠 城市转型”“辛亥革命 镇江光复”“江苏省会 政治中枢”“星火燎原 血染北固”“镇江沦陷 团结御侮”“留守坚持 城市新生”七个篇章。

2021年，“奔流——镇江近代历史陈列”展览现场（赵欢 施志 供稿）

镇江恒顺醋文化博物馆成为首批江苏省非遗旅游体验基地

2006年，镇江恒顺香醋酿制技艺入选首批国家级非物质文化遗产，在此基础上，镇江市精心打造以醋文化为主题的“文化+体验”工业旅游景区——镇江恒顺醋文化博物馆。作为AAAA级旅游景区，近年来，醋文化博物馆深耕“酱园、酒海”展示馆，将酱文化、酒文化场景化呈现，使游客的体验更加丰富充实。

非遗体验基地的认定，是为了不断拓展地方非物质文化遗产与旅游的深度融合，让新时代的年轻人通过“非遗+旅游”的体验深入了解非遗文化。

2021年10月18日，“发现江苏走进福地名城镇江”活动举行（孙悦萌 供稿）

南朝陵墓群上榜《大遗址保护利用“十四五”专项规划》

2021年12月，国家文物局印发《大遗址保护利用“十四五”专项规划》，丹阳市南朝陵墓群榜上有名。大遗址是实证中国百万年人类史、一万年文化史、五千多年文明史的核心文物资源。做好大遗址保护利用工作，让陈列在广阔大地上的遗产“活起来”，有利于突出中华文明的历史文化价值，有利于体现中华民族的精神追求，有利于向世人展示全面真实的古代中国和现代中国。

2021年，丹阳市南朝陵墓群景色（张弛 供稿）

“百年百运”沿运河祈福，携手同心保护大运河

为宣传大运河文化，体验大运河沿岸镇江民俗风情，激励更多的人来共同保护大运河，2021年3月14日，镇江市举行2021年“百年百运”沿运河祈福活动。志愿者从运河之母广场出发，徒步健走，见证运河两岸镇江的发展，用心感受大运河文化。

2021年，“百年百运”沿运河祈福活动举行（刘利群 石正海 供稿）

"非遗"在身边，"零距离"感受传统文化魅力

2021年6月5日，中国文化和自然遗产日到来之前，润州区宝塔路街道同德里社区开展了一场手工装裱课体验活动。市非遗传承人柳达给孩子们讲解和演示手工装裱的技艺。现场，每个孩子都体验了一回"初级裱画师"的工作。

2021年6月5日，手工装裱课体验活动举行 （柳放 供稿）

2021年3月13日，国内首家河豚文化展示馆在扬中建成开放 （柳放 供稿）

文旅产业

【概况】2021年，镇江市推动文旅产业招商和项目建设。启动“文旅‘镇’加速”服务品牌建设，举办镇江、玄武文旅招商推介会暨战略合作签约仪式，两地20家单位签署12项战略合作协议。镇江傲游网络科技有限公司入选2021—2022年度国家文化出口重点企业，镇江电竞文创产业基地、恒大童世界欧宝酒店入选全省重点文化和旅游产业项目，计划总投资23亿元。2021年，镇江市创新打造“文化金山”IP品牌，举办“2021金山文化艺术•国际旅游节”。华为（镇江）数字创新中心、尚云游戏社区、四次元文旅、冬云如懿西津渡产业直播基地等8个项目签约，微软（镇江）数字创新中心、云时代中心、吾悦广场河豚巷等项目建成使用，4家公司挂牌上市。举办镇江市第七届金山文创设计大赛，组织优秀企业参加南京融交会。落实《大运河镇江段文化保护传承利用规划》，推进京口闸遗址展示工程、镇江博物馆改造等项目建设。

镇江、玄武文旅招商推介会举行

从北固山到紫金山，从金山湖到玄武湖，从定慧寺到栖霞寺，镇江市与南京市玄武区两地文化旅游资源不仅有很强的关联性，而且有很强的互补性，文旅融合发展具有良好基础和广阔前景。2021年7月16日，镇江、玄武文旅招商推介会在镇江举行，开启两地文旅融合发展新篇章，两地20家单位现场签署12份合作协议。

2021年7月16日，镇江、玄武文旅招商推介会暨战略合作签约仪式现场 （谈玥 供稿）

2021年10月13日，“镇江市文化旅游（日韩）线上推介会”举行　（柳放 供稿）

2021年11月，宝华山千华古村民俗文化街区入选省级旅游休闲街区培育单位名单（焦秀兰 李峻 供稿）

镇江西津渡历史文化街区入选首批省级旅游休闲街区

2021年11月，镇江西津渡历史文化街区入选首批省级旅游休闲街区。西津渡历史文化街区是国家AAAA级旅游景区，保存着自唐朝以来大量的历史文化遗存和成片的传统民居，是中国历史最久、规模最大、保存最好的渡口文化景区，2021年8月入选江苏“运河百景”标志性运河文旅产品。街区入驻商户160多户，涵盖文化演艺、文博场馆、特色餐饮、酒店民宿、商业购物、健康养生、非遗传承体验等，热闹的夜经济、精彩的文化演出、全新的旅游业态让西津渡成为市民和游客放松休闲的热门打卡点。

2021年，镇江西津渡历史文化街区夜景　（蔡昀 张弛 供稿）

镇江发放超8000万元的文旅消费优惠券

2021年9月19日晚，镇江开始发放超过8000万元的文旅消费优惠券，涵盖休闲娱乐、旅游购物、餐饮美食、教育培训、旅游健康、旅游住宿六大类近80个产品项目。市民通过在“宜游镇江”微信公众号预约，在线下站点领用实体券的方式领取。在发放文旅消费优惠券的同时，镇江启动“镇江夜美好”夜经济品牌活动，推出以各市（区）为单位的八大子品牌，打造镇江夜间消费新模式。

2021年9月19日，2021镇江市文旅消费优惠券发放活动举行 （张梅 供稿）

镇江两件伴手礼获评“长三角特色伴手礼”

2021年11月，长三角消保委联盟举办“2021长三角特色伴手礼发布会暨展示活动”，发布100款“长三角特色伴手礼”。镇江出品的华秀锅盖面、恒顺八度香醋与源春肴肉组成的“镇江三怪礼盒”及“恒顺风味健康醋”榜上有名。

2021年，源春肴肉礼盒获评“长三角特色伴手礼” （国杰 供稿）

镇江新增两处省级工业旅游区

2021年12月9日，江苏省文旅厅公布2021年江苏省工业旅游区认定结果，镇江两家单位入选，分别是江苏容酒文化旅游体验园和堂皇健康睡眠科技园，这是江苏省《工业旅游区规范与评定》（DB32/T 2039—2019）标准执行后镇江市首批被认定的省级工业旅游区。

2021年，江苏容酒文化旅游体验园实景 （文旅 供稿）

2021年，堂皇健康睡眠科技园旅游区实景 （文旅 供稿）

2021年，“大江见证　红色传承”教育线路画舫（本版照片均由文旅集团提供）

“大江见证　红色传承”水上红色教育线路获评“江苏文旅消费新场景”

2021年9月24日，“江苏文旅消费热力榜”正式发布，镇江文化旅游产业集团“大江见证　红色传承”教育线路上榜“江苏文旅消费新场景”。

2021年，镇江文旅集团围绕“文旅产业、文旅衍生产业、综合板块产业”三大主业精准发力。实施AAAAA级景区品质提升，完成北固山古城墙修缮提升、揽云桥维修改造等项目；解决南山绿道照明提升等一系列焦点问题，获评市政协提案先进承办单位；一泉国宾馆改造和迎宾馆提升工程竣工；金山东片区全面开街；签约加入“南京都市圈文化产业创新联盟”。集团5家党支部被评为“四星”先进党支部，8家单位获市级“文明单位”称号，3家获省级“文明单位”称号。

2021年，金山湖揽云桥掠影

2021年，一泉宾馆提升改造工程峻工

镇江第一楼街文旅步行街进入省级夜间文化和旅游消费集聚区建设单位名单

2021年11月，镇江第一楼街文旅步行街进入省文化和旅游厅公布的第二批江苏省省级夜间文化和旅游消费集聚区建设单位名单。第一楼街文旅步行街集历史文化、核心商圈、旅游消费、夜间娱乐为一体，既有历史古迹、非遗文化（横秋堂、唐老一正斋等）供市民沉浸式体验，也有引领先锋时尚、潮流风尚的现代化商业娱乐消费。

2021年，第一楼街步行街上的清代建筑横秋堂 （苏静 供稿）

2021年，第一楼街步行街上的夜间营业店面 （苏静 供稿）

ZHENJIANG
TUJIAN
(2022)
SHEHUI
JIANSHE
PIAN

镇江图鉴（2022）
社会建设篇

综述

【概况】2021年，镇江市新增城镇就业人数5.97万人，新增城镇失业人员再就业人数4.29万人，新增就业困难人员再就业人数2.97万人。城镇登记失业率2.5%。全年扶持成功创业1.8万人，其中引领大学生创业3062人，扶持农村劳动力自主创业5979人。城乡劳动者职业技能培训4.42万人。全年新增登记注册私营企业从业人员5.08万人，个体工商户从业人员9.42万人。

全年完成一般公共预算民生类支出404.53亿元。全市职工最低工资标准为2280元/月，城乡居民基础养老金标准提高至每人每月210元，城乡最低生活保障标准提高至每人每月820元，失业保险金最低标准提高至每人每月1230元。全市有1.12万户、共计1.64万人享受低保，全年发放低保金1.28亿元。年末全市基本养老保险参保人数73.5万人；城镇职工基本医疗保险参保人数110.70万人，比上年增加4.32万人；失业保险、工伤保险、生育保险参保人数分别为57.3万、70.2万、66.71万人。年末全市共有养老机构150家，养老机构床位数18622张，共建成街道老年人日间照料中心30家，实现街道老年人日间照料中心全覆盖，城乡标准化社区居家养老服务中心覆盖率分别达81%和53%。福利彩票2021全年销售2.27亿元，下降10.8%。

全年常住居民人均可支配收入50360元，增长9.1%。常住居民人均消费支出30780元，增长21.5%。按常住地分，城镇常住居民人均可支配收入59204元，增长8.5%，城镇常住居民人均消费支出33992元，增长19.8%；农村常住居民人均可支配收入31354元，增长10.4%，农村常住居民人均消费支出23876元，增长26.3%。恩格尔系数为28.9%，下降0.3个百分点。其中，城镇居民恩格尔系数28.8%，下降0.2个百分点；农村居民恩格尔系数29.4%，下降0.3个百分点。

2021年度镇江市“十佳民生实事”

1. 实施困难老年人家庭居家适老化改造1200户
2. 推进法律援助覆盖范围拓展工程，覆盖人群3100人
3. 新辟优化城乡公交路线20条以上
4. 升级改造农贸市场4家，全市农贸市场监督抽检和快速检测全覆盖，全年检测7万批次
5. 开展“文心”系列文化活动120场，全民艺术普及活动500场
6. 为至少28.77万65岁以上老年人免费提供一次健康体检服务
7. 优化“镇合意”App，服务功能达到100项
8. 城乡居民基本医疗保险财政补助标准不低于每人680元
9. 建设200个事实无人抚养儿童“梦想小屋”
10. 为2800名无业智力、精神和重度肢体残疾人提供托养服务

【江苏佛学院建设项目奠基】2021年10月10日，江苏佛学院项目奠基仪式在镇江市举行，中共江苏省委常委、统战部部长杨岳到会讲话并宣布项目奠基，中央统战部十一局二级巡视员左卫国、江苏省副省长陈星莺、镇江市相关领导共同为项目培土奠基。中国佛教协会会长演觉出席仪式。江苏佛学院于2017年获批设立，总部设在江苏镇江，与焦山学院同址办学，学制为四年制本科和三年制大专，办学规模为1000人。

2021年，江苏佛学院 （卞婕 供稿）

科技创新

【概况】2021年，镇江市研究与试验发展（R&D）经费支出占地区生产总值的比重达2.4%。财政性科技投入14.32亿元，占一般公共预算支出的2.6%。争取省以上科技计划项目超340项，资金2.4亿元。认定高新技术企业376家，新增381家企业进入高新技术企业培育库。新增省级科技企业加速器2家，省级众创空间3家；新建市级孵化器9家、众创空间8家；新建省级院士工作站1家、省级工程技术研究中心24家，市级新型研发机构2家、企业重点实验室2家。与中国技术交易所联合建设中技所（镇江）绿色技术交易服务中心。

全年专利授权量22695件，其中发明专利授权量2808件。年末全市有效发明专利拥有量15561件，比上年增长16.5%；万人有效发明专利拥有量达48.46件，比上年增长16.2%。全市拥有国家知识产权示范企业11家。

2021年度科技创新“梦溪奖”名单

江苏恒神股份有限公司
江苏超力电器有限公司
建华建材（中国）有限公司
江苏大津重工有限公司
威腾电气集团股份有限公司
江苏希西维轴承有限公司
中节能太阳能科技（镇江）有限公司
江苏吉贝尔药业股份有限公司
中船动力镇江有限公司
惠龙易通国际物流股份有限公司

2021年度科技创新“梦溪奖”企业惠龙易通国际物流股份有限公司 （孙悦萌 供稿）

2021年度科技创新“梦溪奖”企业中节能太阳能科技（镇江）有限公司 （孙晓光 孙悦萌 供稿）

【科技管理】2021年，完成《镇江市“十四五”科技创新规划》编制工作，明确成为“特色产业创新高地、长三角科技成果转移转化重要基地、沪宁线上重要的创新创业城市”的发展定位。全年完成27个科技创新重点项目年度目标任务，完成投资4.14亿元，占投资计划的104.6%。全年向69家企业兑现2020年度科技创新券，下达创新券兑现资金710万元。242家企业申领2021年度科技创新券。完成柔性引才计划项目的组织申报，资助7家企业9人，下拨补助费用76.12万元。完成国家省人才项目组织申报，入选省双创团队项目1个。配合完成84名省“333高层次人才培养工程”推荐。2021年，江苏镇江农业科技园区通过国家农业科技园区科技部年度评估。园区与中国农科院郑州果树研究所合作成立果树研究中心，与华南农业大学合作成立句容市厚朴火龙果产业研究院。“镇江丹徒虾业星创天地”“句容市火龙果产业星创天地”2家星创天地通过第五批省级“星创天地”备案。至此，全市有省级以上星创天地18家，其中国家级星创天地5家。

2021年，句容市火龙果产业星创天地 （《美丽句容》 供稿）

【科技合作】2021年3月3日，《2021年镇江市产学研工作要点》正式发布。全市科技合作试行“揭榜挂帅”新机制，破解重大技术难题，参与区域协同创新体系建设。全年举办线上线下产学研活动320场（次），参与企业3580家，签约项目543项。4月16日，镇江—东北高校产学研对接会成功举办。4月27日，宁镇两市高新园（区）共建对接交流活动在南京麒麟高新区举行。5月11—12日，举办镇江—中南大学产学研对接活动。5月29日，省科技厅与镇江市政府联合主办2021年高校院所走进镇江产学研对接会。举办首届南京都市圈创新合作大会暨高校院所走进镇江产学研活动，发布南京都市圈创新合作（镇江）宣言，上线南京都市圈科技创新生态图谱。截至年底，大会促成产学研合作项目86项，合同总金额5748.9万元。举办镇江市海工装备产业（上海）招商会暨产业联盟与中船协知识产权分会成立大会，15个产业投资、人才落户、产学研合作项目集中签约。全市获批省国际科技合作计划项目5项，获得省财政拨款400万元；获批国家高端外国专家引进计划项目23项，省外专项目3项，获得国家、省财政拨款669万元；7家单位入选2021年省外专工作室，获得江苏友谊奖1项。

镇江经济技术开发区与金斯瑞及蓬勃生物项目签约

2021年11月10日，镇江经济技术开发区与金斯瑞及蓬勃生物项目签约。金斯瑞蓬勃生物将在镇江建设质粒病毒商业化GMP车间，以快速响应生物医药市场需求，扩大质粒和病毒商业化产能。项目瞄准全球市场，建成后将为核酸药物、基因载体和细胞疗法提供一体化的生产服务。

2021年11月10日，镇江经济技术开发区与金斯瑞及蓬勃生物项目签约活动现场 （王朋 供稿）

【科技计划】2021年，镇江市科技部门围绕科技创新重点工作，获省级以上科技计划项目立项超350项，获上级科技拨款2.6亿元。全年下达市级科技创新专项资金9761万元，立项市级科技计划项目227项。8月14日，省科技厅、省财政厅联合印发《关于2021年度“百城百园”行动项目立项的通知》，市利康医药科技江苏有限公司“感染控制、消毒灭菌制剂与装备的研发及产业化”等2个项目获得立项支持，立项总额300万元。2020年年底，镇江市成功入选“科技抗疫‘百城百园’行动”城市。

2021年6月30日，江苏开物科技发展有限公司揭牌仪式现场 （王朋 供稿）

江苏开物科技发展有限公司揭牌

2021年6月30日，江苏开物科技发展有限公司举行揭牌仪式。该公司是镇江文广集团作为投资主体成立的国有独资市级大数据公司，主要承担数据汇聚处理与运营，政务服务App建设与运营，数字镇江项目建设等职责。揭牌仪式现场，市大数据局、开物科技公司与农业银行、建设银行、江苏银行等金融机构签订战略合作协议，与南京一键未来信息科技公司签订合作协议。

【高新技术企业培育】2021年，全年组织申报高企765家，认定公示376家，总数1222家；381家企业进入高企培育库，2163家企业备案为国家科技型中小企业；97家企业新增为省民营科技企业。

【科技成果】2021年，镇江市获省科学技术奖励共计29项，其中，省科学技术一等奖2项、二等奖9项、三等奖16项，省企业技术创新奖1家，省青年科技杰出贡献奖1人。全市技术合同成交金额100.16亿元，增幅居全省第二名。全年签订技术合同3303项，成交总金额100.16亿元。江苏鱼跃医疗设备股份有限公司承担的“高原单兵可穿戴低功耗智能制氧装备研发及产业化”项目获省科技成果转化专项资金项目立项，支持总经费1000万元。

【科技招商】2021年，镇江市备案亿元以上产业项目信息7个，海工装备产业亿元以上项目落户7个，比上年增长75%，项目总投资近70亿元。江苏力合智能制造产业园取得江苏省投资项目备案证。举办镇江市海工装备产业（上海）招商会，“沪东重机船用低速柴油机生产转移”等5个产业投资项目成功签约，总投资超14亿元。10月29日，镇江市海工装备产业招商图谱编制完成并正式对外发布。10月29日，镇江市—沪东中华造船（集团）产业链合作对接会在沪举办。

【海工装备产业链】2021年，镇江市组建由市领导任链长，市科技局、市人才办、市发改委、市工信局等11家单位为成员的产业链工作专班，制定《2021年海工装备产业链“链长制”工作方案》。专班成立以来，市科技局推进产业链各项工作。加强海工装备产业关键核心技术攻关，10月29日，镇江市海工装备产业联盟正式成立，举办海工装备产业链专题讲座；编制产业链工作方案；建立海工装备产业链重点企业、重点项目挂钩联系服务机制等。

2021年10月29日，镇江市海工装备产业（上海）招商会暨产业联盟与中船协知识产权分会成立大会举行　（夏纪福 供稿）

城乡建设与管理

【概况】 2021年，镇江市实施城建项目87个，完成投资70亿元。新增9个省级美丽宜居城市试点项目，累计省级试点项目达13个。累计新建绿色建筑780万平方米，城镇绿色建筑占新建建筑比重100%，“沿金山湖CSO溢流污染综合治理”项目大口径管道全线贯通，完成9条劣V类水体治理工作。拆除违建1999起，面积17.79万平方米。新增停车泊位4603个，新增共享单车、共享助力车7700辆。开展安全生产“百日攻坚”行动，累计开展安全检查187次，发现安全隐患60个，整改率100%。丹徒区上党镇上会村东宝庄、毛家榨作和丹阳市延陵镇西庄湖等4个村庄被命名为江苏省特色田园乡村。推动农村房屋安全隐患排查整治，排查农村房屋共414945户，鉴定为C、D级危房1898户，其中245户完成整治。

【宜居城市建设】 2021年，镇江市推进“美丽宜居城市”试点建设，全市实施城建项目138个，完成投资156.2亿元，其中市区实施城建项目87个，完成投资70亿元；4个省级首批“美丽宜居城市”建设试点项目通过验收，9个省级第二批试点项目加快实施。

2021年，“沿金山湖CSO溢流污染综合治理”项目施工现场 （刘志强 供稿）

“沿金山湖CSO溢流污染综合治理”项目大口径管道全线贯通

2021年9月30日，“沿金山湖CSO溢流污染综合治理”项目大口径管道全线贯通仪式举行。“沿金山湖CSO溢流污染综合治理”项目采用“深层超大口径管道+生态湿地”技术方案，统筹解决8.75平方千米范围内多个片区的排水防涝和水环境问题，对于高密度老城区水环境综合治理，具有较强的创新性、探索性与实践性。大口径管道则是这个项目的“扛鼎之作”，占整个项目工作量的90%，投资量占整个项目的46%。

【项目建设】2021年，镇江市346国道城区段城市化改造工程开工建设，和平路完成出新改造，象山路西段、京江路、朱岗路、回龙路等项目竣工。新（改）建DN75以上城镇供水管网24.9千米、燃气管网56千米；改造8300平方米街巷、32个积水区，新建污水管网51千米；完成金西水厂深度处理改造工程，“沿金山湖CSO溢流污染综合治理”项目大口径管道全线贯通。

一批“断头路”、瓶颈路改造项目竣工

至2021年9月底，镇江市2021年度为民办实事项目的一批市区“断头路”、瓶颈路改造工程竣工。其中包括西起东吴路，东至焦山路的象山路西段道路维修工程；北起三里岗路，交宝珠路，南至莱山路的朱岗路改造工程；西起罗家头路，终点到宜城大道的回龙路改造工程；西起戴家门路，东至润州路、镇江市滨江交通路网主干道的京江路道路修复工程。这些道路工程的完工，进一步畅通城市交通微循环，全面提升城市道路通行水平，方便市民群众的生活，为美丽宜居城市建设增添光彩。

2021年，改造后的回龙路 （卞婕 供稿）

2021年，改造后的朱岗路掠影（孙悦萌 供稿）

镇江“第一路”和平路出新改造，解决局部积水问题，提升道路通行能力

中华人民共和国成立后镇江建造的第一条城市道路——和平路，2021年年底完成出新改造。和平路全长704.16米，北起长江路，南至中山北路，红线宽30米，是片区南北向的城市次干路。改造后，改善提升和平路周边地块的市政配套功能，提升道路的通行能力及安全性；解决和平路雨污水的出路问题和局部地区积水严重的问题。

2021年，改造出新后的和平路掠影（卞婕 供稿）

镇江市新建、改造公园绿地10个

2021年，镇江市完成新建、改造便民型公园绿地10个，其中新建金牛山公园、东篱春晓游园、丹阳京杭大运河南端西侧绿地和丹凤北路北延绿地4个，改造中山广场、龙湖公园、跃进河风光带、万欣广场、星卯路体育公园和句容和平鸽广场等公园绿地6个，推动城市园林绿化高质量发展。

2021年，新建的金牛山公园掠影 （孙悦萌 供稿）

2021年，改造一新的龙湖公园掠影 （卞婕 供稿）

2021年，新建的东篱春晓游园掠影 （卞婕 供稿）

2021年，改造后的中山广场掠影 （张弛 供稿）

2021年，丁卯街道“7+2”民生实事项目——纬五路一期工程完工后的特色街区掠影 （孙悦萌 供稿）

【居住质量建设及服务保障】2021年，镇江市开展新一轮老旧小区改造，完成改造65万平方米，其中市区改造36.72万平方米，9个项目入围省级“宜居示范居住区”。全市新建绿色建筑780万平方米，城镇绿色建筑占新建建筑比重100%；完成既有建筑节能改造85.7万平方米，可再生能源建筑应用285万平方米，新开工装配式建筑面积350万平方米。

镇江市9个项目入围省级“宜居示范居住区”

2021年9月，省住建厅通报2019—2020年度省级宜居示范居住区创建项目评价结果。镇江市9个项目入选，分别为：京口区中营网巾桥、老北门片区、酒海街片区；润州区朱方路98号、102号，十八进片区；丹徒区绿洲花园；丹阳市迎春小区；句容市新华家园；扬中市春柳花苑。

2021年，老北门片区 （张弛 供稿）

2021年，中营网巾桥掠影 （张弛 供稿）

2021年，酒海街片区掠影（张弛供稿）

2021年，镇江市改造城镇老旧小区22个

2018年以来，镇江市委、市政府启动实施老旧小区“三年改造计划”，市区累计完成改造31个片区、面积162.1万平方米，5.44万居民受益，实现“老”出内涵、“旧”出风采、“改”出新篇、“造”出价值，居民生活品质、幸福指数大幅提升。2021年，镇江市继续改造城镇老旧小区22个，改造总面积65.55万平方米，其中市区改造总面积36.72万平方米。

2021年，改造后的东吴路小区掠影 （卞婕 供稿）

2021年，新美化的文化墙掠影 （卞婕 供稿）

2021年，改造前的东吴路小区 （卞婕 供稿）

2021年，改造后的桃园小区掠影（孙悦萌 供稿）

2021年，改造后的古更楼巷小区掠影（孙悦萌 供稿）

镇江市4家菜市场完成升级改造

被列为2021年省民生实事项目的镇江市4家菜市场升级改造按计划完成并正常营业，自2016年在全省率先启动新一轮菜市场升级改造开始，全市累计改造升级菜市场40个。

市商务部门优先选择群众关注度高、设施陈旧、环境差、管理混乱的老旧菜市场进行升级改造。如对京口闸菜市场改造更新消防喷淋系统、下水道等基础设施，同时对15间门面房进行装饰出新，实现照明、电路等设备的增容。花山湾菜市场在改造中配备智能双屏计量器具、热成像高温报警摄像机等智慧农贸配套设施。

2021年，改造后的花山湾菜市场掠影 （张闻 供稿）

2021年，改造后的永安路菜市场掠影 （张闻 供稿）

镇江新区大路安置房建设初具规模

大路安置房二期地块位于温泉路以东、圌峰路以北区域。这一项目为“镇江市绿色智慧示范片区”，在建设中，市政府出资设立的全资国有公司——江苏瀚瑞投资控股有限公司和江苏润祥建设集团积极开展智慧工地建设和技术推广。2021年，通过省级绿色智慧示范片区验收，验收成绩“优良”。

江苏瀚瑞投资控股有限公司以构建产业集群新高地为己业，以打造生态宜居城市为己任，致力于为镇江新区产业现代化、绿色生态化、城乡一体化、港产城融合化、新型城镇化发展做出贡献。

2021年，初具规模的大路安置房项目
（江苏瀚瑞投资控股有限公司 供稿）

2021年，镇江市图书馆镇江新区国企分馆建成开放 （江苏瀚瑞投资控股有限公司 供稿）

2021年，建设中的丁卯第三中心小学项目建设现场（江苏瀚瑞投资控股有限公司 供稿）

2021年，镇江部分城区夜景 （罗秀龙 供稿）

2021年10月28日，镇江市慈善总会第四次会员代表大会召开 （卞婕 供稿）

镇江市发布“携手一起跑 助残在行动”实事项目21个

2021年5月13日，镇江市发布2022年度“携手一起跑　助残在行动”实事项目21个，着力帮助残疾人纾难解困，努力让残疾人群众过上更加美好的幸福生活。项目包括服务推进镇江市残疾人康复中心项目建设、残障学生职业技能提升、开通窗口助残服务绿色通道、残疾人就业帮扶行动、公共交通无障碍计划等。

2021年5月13日，“携手一起跑　助残在行动”实事项目新闻发布会召开 （柳放 供稿）

“桃花盛开爱满山　扶残助残镇合意”主题活动举行

2021年3月20日，市残疾人联合会在市慈善爱心果园举行“桃花盛开爱满山　扶残助残镇合意”主题活动，为“慈善爱心果园”滴灌系统竣工剪彩，为慈爱路二期奠基。

“慈善爱心果园”总体占地300亩（20公顷），一期150亩（10公顷）种植果树8000多棵；特色“农疗康复”项目获第五届中国青年志愿服务项目大赛银奖，成为市残疾人托养中心100多名学员的农疗康复和辅助性就业基地。活动现场，爱心团队和志愿者认购5000箱爱心桃，“墨友之家”向市福利助残基金会捐赠56幅书画作品，将由市福利助残基金会进行义拍，以上所得款项将用于残疾人事业发展。

2021年3月20日，“桃花盛开爱满山　扶残助残镇合意”主题活动举行（卞婕 供稿）

超AAA级综合型养老服务中心——光华朱方路社区居家养老服务中心开业

2021年11月26日，润州区七里甸街道光华朱方路社区居家养老服务中心开业，该中心是总面积890平方米的超AAA级综合型养老服务中心，级别高、规模大、设施全。内设智慧服务平台，探索“系统+服务+老人+终端”的智慧养老服务模式，老人或其子女在配套App“下单”，养老中心“接单”，并在15分钟内安排人员上门服务。养老中心定期邀请专业老师为老人进行专业艺术教学。

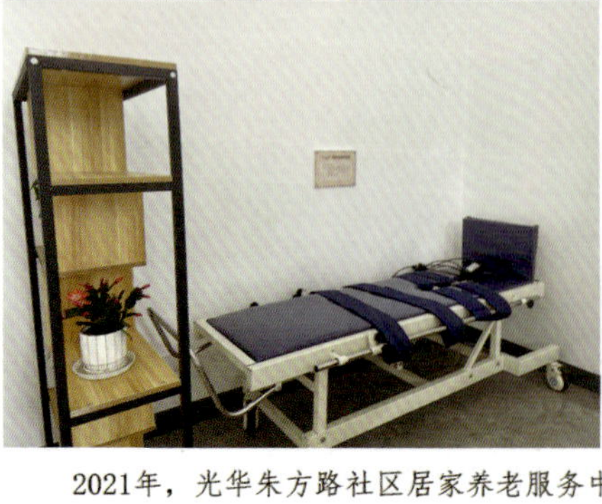

2021年，光华朱方路社区居家养老服务中心（七里甸街道 供稿）

2021年5月21日，市文广旅局主办、市文化馆承办的文心艺术讲座“我来教您用手机”智能手机培训，帮助老年群体接轨“数字化生活”开课 （谈玥 供稿）

2021年6月18日，镇江市绿水青山艺术团到九久康复中心开展慰问活动 （孙光友 供稿）

2021年1月14日，市妇联、市交通运输局为5路三八班颁发“全国三八红旗集体”奖牌和荣誉证书 （柳放 供稿）

2021年5月20日，镇江市“520公交驾驶员关爱日”活动举行 （施志 供稿）

2021年，镇江金山公园票务中心售票场景 （金山公园 供稿）

江苏省巾帼文明岗——金山公园票务中心

金山公园票务中心12名在职人员中，女职工10人，承担着公园的零售门票、年卡、团体票的发售以及报表汇总等工作，工作琐碎繁忙，责任重大。她们以细心与温情，树立微笑服务、规范服务、贴心服务的文明形象。公园每年围绕岗位责任、纪律和技能开展“满意在金山”优质服务评比、“双争双创”优质服务竞赛等活动，票务中心多次被评为“优质服务窗口”。2021年，金山公园票务中心获江苏省巾帼文明岗称号。

2021年，镇江道路运输电子证照系统上线 （柳放 供稿）

镇江道路运输电子证照正式上线

自2021年6月10日起，镇江道路运输电子证照系统正式上线运行，覆盖全市经营性道路客货运输、道路危险货物运输、巡游出租汽车和网络预约出租汽车等8个重点领域、25类证照类别。电子证照的推广应用，将线下办理转化为线上服务，大大提升了证照管理、证照应用和证照鉴别等方面的办事效率，每年将为道路运输服务对象节约办事成本近百万元，同时能有效避免特殊时期线下接触的安全隐患。

教育

【概况】2021年，镇江市有普通高校9所、中等职业学校6所、普通中学110所、小学111所。九年义务教育巩固率100%，高中阶段教育毛入学率100%。全市有幼儿园284所，比上年增加11所，在园幼儿8.43万人。2021年，全市有教职工46300人，其中专任教师36220人。高校教职工9529人，其中专任教师6413人；中职学校教职工1951人，其中专任教师1873人；普通中小学教职工23341人，其中专任教师21599人，小学阶段专任教师10872人，初中阶段专任教师6818人，高中阶段专任教师3909人；幼儿园教职工11294人，其中专任教师6169人；特殊教育学校教职工185人，其中专任教师166人。镇江市市属学校教职工总数2244人，其中专任教师2077人。中职学校教职工448人，其中专任教师402人；普通中学教职工1735人，其中专任教师1617人，高中专任教师761人；特殊教育学校教职工61人，其中专任教师58人。全年全市招聘教师1995人，交流教师1589人。65名教师赴新疆、西藏、陕西支教。7人获“全省教育系统先进个人”称号，1人入选“教育部乡村优秀青年教师奖励计划”，2人担任省名师名校长工作室领衔人，新晋正高级、特级教师28人。

2021年镇江市各类教育学校、招生和在校生情况表

指 标	学校数（所）	毕业生数（人）	招生数（人）	在校生数（人）
高等教育学校（机构）	9	44288	53441	161413
#普通高校（不含成人教育）	9	29648	38465	127199
中等职业学校	6	5543	6493	20020
普通中学	110	34584	38954	114356
#高中阶段	19	11826	14101	41518
#初中阶段	91	22758	24853	72838
普通小学	111	24744	29705	168539
特殊教育学校	5	110	117	634
幼儿园	284	29017	25322	84315

【教育投入】2021年，全市地方教育经费总投入102.57亿元，较2020年93.36亿元增加9.21亿元，增长9.87%。全市国家财政性教育经费总投入89.64亿元，较2020年82.82亿元增加6.82亿元，增长8.23%，其中，镇江市本级国家财政性教育经费15.04亿元，较2020年13.13亿元增加1.91亿元，增长14.55%。2021年，全市一般公共预算教育经费（包括教育事业费、基本建设经费、教育费附加）81.37亿元，较2020年76.43亿元增加4.94亿元，增长6.46%。各地各学段生均公用经费拨款较省定标准提高10%以上，其中，学前教育、普通小学、普通初中、普通高中、中职校每生每年分别不低于650元、770元、1100元、1100元和1500元。特殊教育学校和随班就读学生按生均公用定额的8倍安排。

镇江市中山路小学改扩建工程竣工交付

镇江市中山路小学改扩建工程于2021年7月8日竣工交付，秋学期正式投入使用。新建综合楼和食堂（含停车库）建筑面积6790.40平方米；新建校内连廊101.70平方米、校区连廊176.70平方米；新建室外操场4257.20平方米；配套完成绿化2600平方米。新校园可满足10轨办学规模要求，对扩大城市中心区域学位供给发挥积极作用。

2021年，改扩建后的中山路小学学校大门掠影 （卞婕 供稿）

镇江实验学校魅力之城分校在省“蓝天杯”教学设计中获6个一等奖

2021年12月，在江苏省第十五届“蓝天杯”优秀教学设计评选中，镇江实验学校魅力之城分校推选报送的教学设计全部获奖。其中智慧、沈佳培、周书芹、吴玉、江云和杨梦慧获一等奖，其余老师分别获二、三等奖。魅力之城分校加强教师队伍建设，开展立体式培训，搭建特级教师、学科带头人、骨干教师的金字塔队伍，在多学科省基本功大赛、“一师一优课”省级优课评选、省优质课评比等活动中屡获一等奖。

2021年，镇江实验学校魅力之城分校掠影 （孙薇 卞婕 供稿）

【中小学教育】2021年，全市有201所义务教育学校，其中小学107所、初中61所、九年制学校28所、十二年制学校3所和完中2所。义务教育阶段在校生24.11万名，其中小学在校生16.85万名，专任教师1.06万名；初中在校生7.26万名，专任教师0.65万名。有公办普通高中学校17所，其中，省高品质示范高中建设立项学校1所。省四星级高中14所，三星级高中2所，1所新建公办高中未达三星级（镇江心湖高中）。在校生4.16万人。有特殊教育学校5所，特殊教育指导中心8个，共有学前阶段特殊教育学生172人入学、义务教育阶段学生1775人入学，高中教育阶段共有167人入学，基本普及残疾学生15年教育。

2021年镇江市区普通高中录取分数线

学　校	统　招（分）			
	文化	美术	音乐	日语
江苏省镇江中学	583			
江苏省镇江第一中学	587			
镇江市实验高中	555	531	停招	495
镇江崇实女中	509	丹徒534		
镇江心湖高中	535			
枫叶国际学校	428			
镇江第一外国语学校	503			
镇江正兴学校	450			
镇江江河艺术高中	422			

【义务教育阶段“双减”工作】2021年，镇江市被省列为“双减”唯一试点市，《关于进一步减轻义务教育阶段学生作业负担和校外培训负担的实施方案》《镇江市规范民办义务教育发展实施方案》发布。市成立“双减”和“规范民办义务教育发展”工作专班，各市、区均设工作专班。市委办公室、市政府办公室印发《关于进一步减轻义务教育阶段学生作业负担和校外培训负担实施方案》。11月9日，市委、市政府召开“双减”和规范民办义务教育工作推进会。《关于进一步减轻义务教育阶段学生作业负担和校外培训负担实施方案》及《镇江市规范民办义务教育发展实施方案》，将通过校外与校内相结合、减负与增效相结合、当前与长远相结合，实现学生过重作业负担和校外培训负担、家庭教育支出和家长相应精力负担1年内有效减轻、3年内成效显著。到2022年年底，全市民办义务教育在校生规模占比控制在5%以内，各市（区）控制在15%以内。市委教育工作领导小组联合开展督查1000人次，查处违规培训14起。压减学科类校外培训，全市384家学科类培训机构注销、转型380家，压减比例达98.96%。

镇江市成为省“双减”试点城市

作为全省“双减”工作试点城市，镇江市积极履行省“双减”试点城市先行先试要求，出台课后服务、五项管理等系列文件，规范学校办学行为，细化作业、考试、睡眠等管理要求，开展课后服务优秀案例评比，全市有90%以上学生参加课后服务。孩子作业负担减轻，参加校外培训少，有更多的时间参加文体活动，学习科学知识，全面发展、健康成长。镇江市学生和家长对“双减”工作满意度分别为97.84%和97.95%。

2021年11月15日，世业实验学校的学生参观世业洲先锋村四季春草莓园 （黎文 供稿）

2021年9月7日，恒顺实小课间操活动时间，孩子们锻炼身体（张风雷 供稿）

2021年4月28日，市实验小学2018级同学在操场上开展爱国主义绘画活动 （王伟江 供稿）

2021年，民警在扬中市第二高级中学向学生开展禁毒宣传（柳放 供稿）

禁毒宣传进校园　全力守护“少年的你”

为教育引导中小学生认识毒品的危害性，提高防毒、拒毒能力，2021年6月，扬中市教育局联合公安部门开展“禁毒知识进校园”系列宣教活动。民警们用案例分析、动画展播等方式讲解新型毒品的种类、危害，传授实用防毒、拒毒技巧，让师生进一步认清毒品的“真面目”，消除认识上的误区。扬中各中小学校与家长签订《家长禁毒责任协议书》，发放禁毒宣传手册，鼓励学生加入禁毒志愿者队伍，引导他们进入社区开展禁毒宣传。

2021年，民警在扬中市实验小学向同学们介绍隐藏在常见物品中的毒品（柳放 供稿）

【职业教育】2021年，镇江市有中职和五年制高职学校10所，其中，省中等职业学校领航计划建设单位2所，在校生2.64万人。开设15个专业大类41个三年制中职专业，53个五年制高职专业。全市建成1个江苏省“社区教育优质项目化基地”，2个省级“养教联动”基地、3个江苏省社区教育“名师工作室”、1个全国“终身学习品牌项目”、3个“江苏省社区教育品牌项目”。全市有民办义务教育学校8所，就读学生数占全市义务教育阶段学生总数的2.39%。

【高等教育】2021年，全市有普通高校9所，其中省属本科院校5所，省属专科院校1所，市属专科院校2所，民办专科院校1所。2021年，全市高校有在校生12万余人，其中全日制本、专科生110044人、硕士研究生15830人、博士研究生1325人，教职工9529人，其中专任教师6413人。专业涵盖工科、理科、医学、农业、管理、经济、法学、文学、哲学、教育、艺术等10多个门类120余个专业。拥有国家级实验教学示范中心5个，国家人才培养模式创新实验区4个，部省级重点实验室、工程技术研究中心24个，博士后科研流动站16个，博士学位授权一级学科14个，国家级重点学科9个，省部级重点学科18个。

镇江市高等专科学校校园美景　　（陈捷 供稿）

镇江高专入选江苏省中国特色高水平高职学校建设培育单位

2021年12月，江苏省教育厅发布《关于公布江苏省中国特色高水平高职学校名单的通知》，镇江市高等专科学校入选高水平高职学校建设培育单位，该校“创优升本”工作迈出坚实一步。镇江高专是1992年经教育部批准成立的综合性公办普通高校，2007年教育部人才培养工作水平评估优秀学校。“十三五” 以来，学校办学水平不断提升，师资队伍建设、教科研水平、实验实训条件、人才培养质量等重要指标排在同类院校前列。

2021年，镇江市高等专科学校开展多种形式的教学活动　（陈捷 供稿）

2021年，镇江市高等专科学校全景　（陈捷 供稿）

2021年，镇江市高等专科学校的正则印社，开展推广篆刻艺术活动　（陈捷 供稿）

2021年，“镇教先锋在行动”——特教中心分队为重度残障儿童开设温暖家庭课堂 （本版照片均由特教中心提供）

镇江市特教中心“实训基地”被评为江苏省残疾人文化创业示范基地

镇江市特教中心全面落实国家两期《特殊教育提升计划》，直面全市2000多名需特殊教育服务学生的生存培养困局，以学生全员参与、全程体验、全面成长为宗旨，创设生活化、个别化、情境化、技能化、浸润化五大社区融合教育生存课程，搭建医疗、公益、生活场所、残联和校外机构五大支撑共同体，带领全市7个区域特教指导中心、特校和普校，初步构建并开启具有镇江特色的特需学生生存力培养适性化运行模式，惠及全市普校1632名学生，特校80%以上残障学生获职业技能证，持双证毕业；70%的听障学生考取大学继续深造；90%的听障学生和40%以上的中度智障学生走上工作岗位。市特教中心“实训基地”被评为省残疾人文化创业示范基地，“慈爱创业实训基地”获省创新创优奖。

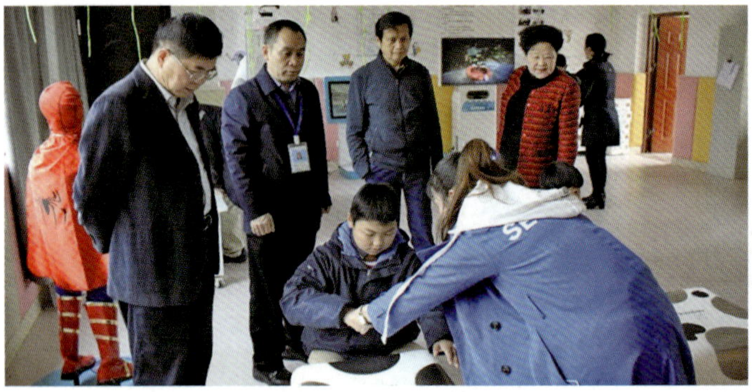
2021年，镇江市慈善总会到市特教中心调研

2021年，市特教中心开展“同心向党助残圆梦，学习亚夫兴农育人”教育实践活动

2021年，镇江市首届残疾人技能竞赛在市特教中心举办

2021年，镇教先锋特教中心分队为残疾儿童创设家庭课堂开课

卫生健康

【概况】 2021年，镇江市拥有各类卫生机构（医疗卫生机构）1094个，其中医院57个、卫生院37个、社区卫生服务中心31个、疾病预防控制中心7个、妇幼保健机构8个、村卫生室306个、社区卫生服务站101个。年末拥有卫生机构床位1.77万张，其中医院1.30万张、卫生院0.18万张、社区卫生服务中心0.16万张。年末拥有卫生技术人员2.29万人，其中执业医师及执业助理医师9082人、注册护士9980人。全年投入7269万元完成市传染病医院改造，全市累计接种新冠肺炎疫苗626.33万剂次，全市人群覆盖率达88.6%。全市731个村（居）民委员会全部设置公共卫生委员会。全年引进6个医学领军人才团队、22名医学博士。新建2家农村区域性医疗卫生中心、4家省社区医院，新增国家服务能力推荐标准达标基层机构6家。

全年全市医疗卫生健康机构争取到各级财政拨款248457.19万元，比上年增加15324.46万元，增长6.57%。卫生健康机构（非医疗）财政拨款103840.61万元，增加12776.91万元，增长14.03%。全市医疗机构实现收入1002257.55万元，比上年增加103940.18万元，增长11.57%。全市医疗机构实现支出1093000.98万元，比上年增加186795.3万元，增长20.61%。全市医疗机构完成门急诊工作量1966.24万人次，比上年增加223.44万人次，增长12.82%。公立医院门诊均次收费水平为294.19元，基层医疗机构门诊均次收费水平为121.34元。2021年，镇江市制定《镇江市卫生科技补助资金使用办法（2021版）》，实施临床专科“补短板”项目，遴选18个临床专科予以扶持，推动全市临床专科均衡发展。稳妥实施三孩生育政策，办理生育登记8283人次，其中三孩生育登记80人次，完成国家人口监测点人口监测调查任务。

2021年5月9日，2021年民生实事项目镇江市传染病医院应急病房楼建设工程开工仪式举行 （王朋 供稿）

镇江市第六届“全民健康节”开幕，市健康科普馆揭牌

2021年10月27日，镇江市第六届“全民健康节”开幕式暨市健康科普馆揭牌仪式举行。全民健康节围绕“科普惠及你我，健康一路同行”主题，开展健康义诊、特殊关爱、知识讲座、知识竞答、健康支持环境建设等系列活动，大力普及健康知识，倡导“做自己健康第一责任人”的理念，助力健康镇江建设。镇江市健康科普馆由序厅和传染病与健康展厅、慢性病与健康展厅组成，含有平面布展、场景还原、实物模型、标本陈列、互动答题、多媒体展示等多种展项互动。

2021年，镇江市第六届“全民健康节”开幕式暨市健康科普馆揭牌仪式举行 （市卫健委 供稿）

2021年12月3日，江苏省安全应急科普环省行活动走进镇江 （市卫健委 供稿）

2021年4月10日，市卫健委启动“助您健康·从心出发”服务品牌活动（市卫健委 供稿）

2021年，镇江市慰问团赴西藏达孜区慰问镇江市援藏医生（市卫健委 供稿）

2021年，镇江市组织医疗队参加江苏省第30期援桑给巴尔、第16期援圭亚那、第16期援马耳他工作（市卫健委 供稿）

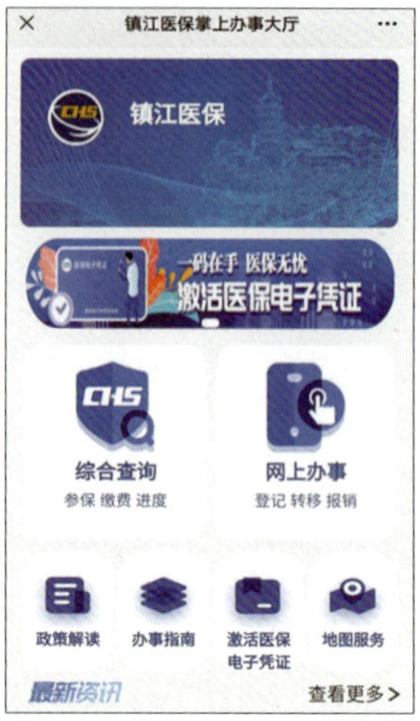

2021年6月29日，“镇江智慧医保”公共服务系统PC端、微信端上线（网络、手机截图）

“镇江智慧医保”公共服务系统正式上线运行

2021年6月29日，“镇江智慧医保”公共服务系统正式上线运行，参保群众和服务单位足不出户即可在网上和掌上办理32项医疗保障业务。

“镇江智慧医保”公共服务系统包括网上服务大厅和微信端掌上办事大厅。网上服务大厅主要包括医保公共服务个人业务和单位业务两大板块，可办理医疗保险、生育保险等11大类医保公共服务业务，涵盖参保登记、关系转移、生育待遇支付、异地就医备案等32项内容。掌上办事大厅主要为参保人员提供参保登记、关系转移、异地就医备案等5大类15项服务，提供综合查询、激活医保电子凭证、政策解读、办事指南等相关服务。

2021年4月29日，“镇江智慧医保”公共服务宣传活动开展 （王朋 供稿）

2021年4月17日，全市《医疗保障基金使用监督管理条例》集中宣传月活动启动 （王朋 供稿）

江苏大学附属医院获首届智慧医院HIC案例大赛一等奖

2021年10月21—22日，江苏大学附属医院在“2021GAHA智慧医院大会暨国际医院竞争力大会”及“智慧医院HIC案例大赛”上荣登“2021届艾力彼医院竞争力——智慧医院HIC地级城市医院50强”排行榜第21位。院信息处申报的案例“智能化医院不良事件MDT管理系统自主研发及应用”获首届智慧医院HIC案例大赛一等奖，另2个案例获三等奖。艾力彼医院管理中心（GAHA）是以大数据为基础的独立第三方医院评价机构，是中国大陆首个获国际认可的第三方医院评价标准。本届大赛全国有500多家医院参加。

2021年，江苏大学附属医院统筹疫情防控和事业发展，在党的建设、医疗救治、教学科研、对口支援、常态化疫情防控加应急等方面有显著成绩。获批省妇幼健康重点学科、省级临床重点专科各2个，获评市“十佳医师”1人。通过国家电子病历五级评审。获中国医院协会科技创新三等奖。获批国家自然科学基金项目7项，获省医学科技奖三等奖1项及省卫健委新技术引进奖一等奖1项、二等奖3项。

2021年，江大附院在“2021GAHA智慧医院大会暨国际医院竞争力大会”上领奖（本版照片均由江大附院提供）

2021年，江大附院党委副书记、院长陈德玉领衔申报的项目获中国医院协会医院科技创新三等奖

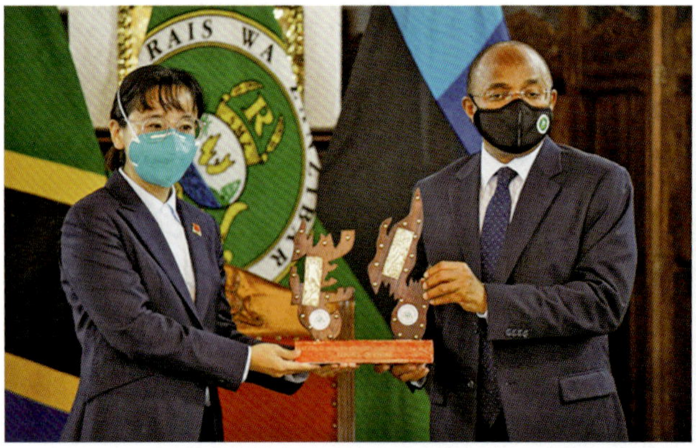

2021年，江大附院援非医疗队完成桑给巴尔（本岛）医疗援助任务回国前，受到坦桑尼亚桑给巴尔总统亲自接见并授奖

2021年4月，丹麦王国驻华大使馆卫生参赞一行到江大附院访问并开展交流活动

2021年，江大附院为劳模先进人物赵亚夫送健康上门

2021年，江大附院“不忘来时路，永远跟党走”庆祝中国共产党成立100周年红色主题教育活动开展

【新冠肺炎疫情防控】2021年，镇江市新冠肺炎疫情防控进入精准防控阶段，坚持“外防输入、内防反弹”总策略和“动态清零”总方针，推动各项疫情防控措施落实。高效规范处置疫情，未造成本地传播，保持全年全域低风险，先后派出医护队伍支援南京、扬州疫情处置。开展应急实战演练，先后在43个镇（街道）组织开展核酸检测警戒式筛查，检测结果均为阴性，实现各市（区）全员核酸检测压力测试全覆盖。全市疫情防控工作成效获省长吴政隆批示肯定。

2021年，镇江在高速公路道口开展疫情防控（张元景 董根年 供稿）

2021年，公共场所消毒场景（田冰 张梅 供稿）

2021年5月26日，市民在社区卫生服务中心有序排队接种疫苗（卞婕 供稿）

2021年8月7日，润州区组织核酸检测 （田冰 供稿）

2021年8月1日，受省卫健委统一调度，江大附院迅速集结，连夜奔赴扬州支援新冠肺炎疫情医疗救治工作 （江大附院 供稿）

【爱国卫生】2021年，镇江市继续推进“健康镇江”建设，开展爱国卫生运动，巩固提升卫生城镇村创建成果。完成农村户厕职能移交；落实公共场所控烟措施。新创建2个国家卫生镇（丹阳市访仙镇、镇江新区姚桥镇）、1个省卫生镇（镇江新区大路镇）、8个省卫生村，1个省健康镇（丹阳市延陵镇）、39个省健康村（社区）；93个省级卫生村通过复审。

【基层卫生】2021年，镇江市印发《关于全面推进紧密型县域医疗卫生共同体建设的实施意见》，推动县域医共体实体化运行。建成2个省农村区域性医疗卫生中心和4个省社区医院，省农村区域中心数和省社区医院数累计分别为5个和12个，省社区医院覆盖率列全省第二名。建成省甲级村卫生室4个。

镇江瑞康医院通过二级甲等综合医院现场评审

镇江瑞康医院是亚太医疗集团（APMG）和镇江新区政府合资（中美合资）开设的二级甲等综合医院，是镇江市医疗、生育、工伤保险定点医疗机构，具备区域医疗服务中心功能，部分专科达到三级医院技术能力和服务水平。

2021年11月17日，瑞康医院顺利通过二级甲等综合医院现场评审。投入使用重症医学科、指定发热门诊单位、新冠疫苗接种点、24小时核酸采集点、PCR实验室。获“2021年度市级放心消费创建示范单位”称号，骨科获“2020—2021年度镇江青年文明号”称号。

2021年，瑞康医院二级甲等综合医院评审现场 （本版照片均由瑞康医院提供）

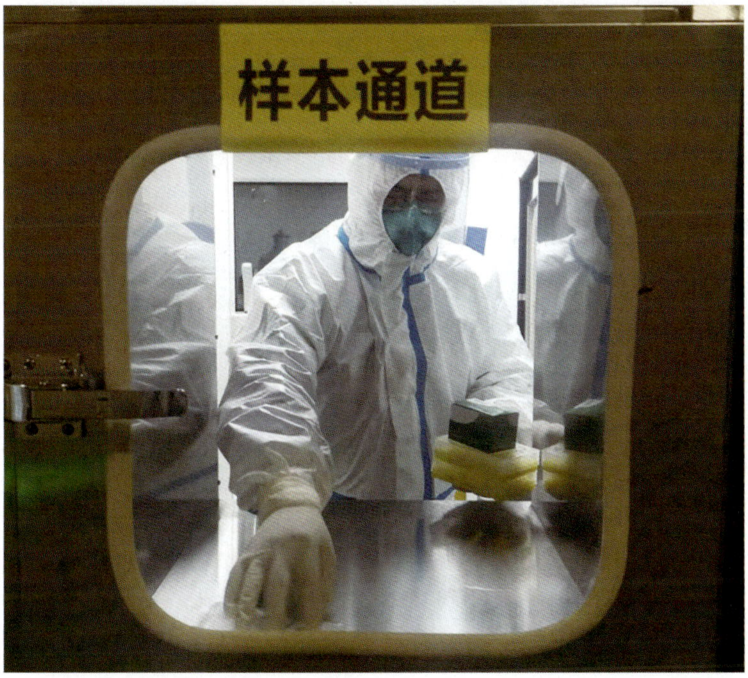

2021年，瑞康医院PCR实验室正式启用

2021年，新冠疫苗流动接种车执行外出接种任务

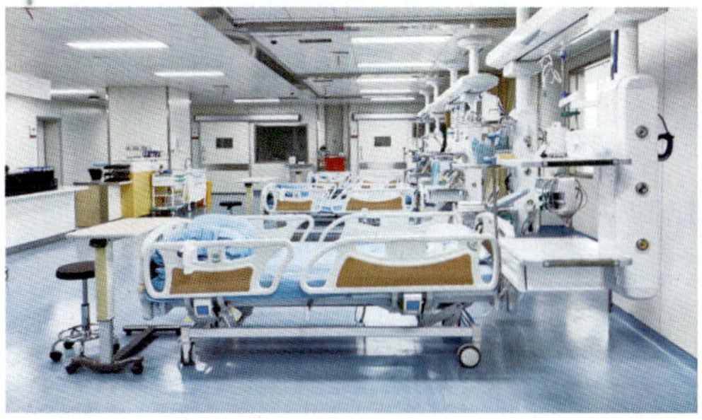

2021年，瑞康医院医院ICU病房正式启用

【中医药事业】2021年，《关于促进中医药传承创新发展的实施意见》通过中共镇江市委深化改革委员会审议。编制中医药事业发展“十四五”规划。研究制定并印发《镇江市中医药康复服务能力提升工程实施方案（2021—2025年）》。下发《关于调整部分中医医疗服务项目价格的通知》，对43项中医药服务项目价格进行调整，调整幅度在20%以上。改建基层“中医阁”12家，确认3级中医馆36家、4级中医馆8家，推荐省5级中医馆4家。

体育

【概况】2021年，镇江市新建镇（街道）及以上规模体育公园5个、健身步道30千米；成功举办镇江市第十六届运动会；体育会展中心被确定为省公共体育场馆开放使用第一批综合试点单位；在中华人民共和国第十四届运动会上，镇江市运动员获“4金2银1铜”，其中镇江市运动员徐旭霞为江苏代表队获象棋金牌。镇江籍学生连续两年在全省大一新生身体素质测试中名列第一。全市安装更新334套一代健身路径、7套二代智能路径；安装135张室外乒乓球桌、132副篮球架；新建5块笼式足球场、8个体育公园、58千米健身步道。健康路体育公园新增乒乓球馆、羽毛球馆、击剑馆、体能训练馆。全年新注册教练员219人、运动员2022人，11名运动员进入省优秀运动队，2名运动员入选东京奥运会中国体育代表团名单。截至年底，全市有体育社会组织648个。全市体质测定活动服务人群2万人次，体质合格率为93.3%。全市体育产业增加值占地区生产总值比重1.55%，人均体育场地面积3.17平方米。全年体育彩票总销售额为7.64亿元，市场份额全省第二名，总销售额全省第九名。

【镇江第十六届运动会】2021年10月30日，镇江市第十六届运动会开幕。该次运动会主题为“全民动起来　镇江跑起来”，比赛时间为3月—8月。在新冠肺炎疫情防控常态化的背景下，该届市运会有学生部、群体部共42项比赛，比赛采用线上、线下相结合的方式进行，近万名市民、5000余名学生参与，参与执裁人员482人。

2021年10月30日，“全民动起来 镇江跑起来” 镇江市第十六届运动会举行　（市体育局 供稿）

2021年7月7日，镇江市第十六届运动会群体部足球比赛举行 （张弛 供稿）

2021年6月11日，镇江市第十六届运动会龙舟比赛暨镇江新区第二届心湖龙舟邀请赛在镇江新区南湖公园举行 （市体育局 供稿）

2021年1月1日，镇江市第三届冬泳迎新年城市邀请赛举行　（张元景 供稿）

“我爱镇江·2021城市定向挑战赛”热力开跑

作为全省13个城市联动的系列定向赛，2021年5月30日，千名跑者参加“2021城市定向挑战赛”镇江站活动。

2021年5月30日，“2021城市定向挑战赛”开跑　（市体育局 供稿）

2021年12月18—19日，“奔跑吧，少年”2021镇江市青少年击剑冠军赛举行 （范仁毅 供稿）

2021年9月14日，2021年“世界健身气功日”主会场活动在句容启动 （市体育局 供稿）

2021年，镇江市武术队在2021年江苏省青少年武术（套路）锦标赛中获7块金牌 （市体育局 供稿）

2021年4月，镇江风筝协会在三十八届国际风筝赛上获优秀传统风筝赛第三名 （市体育局 供稿）

2021年12月18—19日，2021镇江市“溜溜族杯”第三届秋季轮滑大赛举行 （市体育局 供稿）

2021年8月，镇江代表队在第十四届全运会群众展演广场舞项目获企事业组三等奖 （市体育局 供稿）

2021年5月2日，“放飞梦想”全国青少年纸飞机教育竞赛（江苏预选赛）在镇江举行 （市体育局 供稿）

健康路体育公园获2021年“金山杯”优质工程奖

2021年11月，2021年度镇江市优质工程“金山杯”获奖名单出炉，健康路全民健身中心工程获此殊荣。健康路体育公园总投资规模1.78亿元，占地35330平方米，主要包括健身广场、步道、篮球场、笼式足球场、网球场、儿童游乐场、乒乓球馆、羽毛球馆、击剑馆和体质测试中心等，并配套相应的体育培训、商业服务等，形成功能完备的体育服务综合体。开放以来，成为市民“健身好去处，城市新名片”的网红打卡地。

2021年，镇江市健康路体育公园掠影 （鲍育瑞 供稿）

乒乓球选手刘静在东京残奥会获TT2级单打冠军、TT3级团体冠军

镇江籍乒乓球选手刘静在东京残奥会获TT2级单打冠军、TT3级团体冠军。1989年夏天，出生仅十几个月的刘静不幸患上小儿麻痹症，下肢瘫痪、右手残疾，腰椎也严重侧弯。2000年左右，她开始与乒乓球结缘，不分昼夜勤学苦练，2008年北京残奥会上，刘静获人生中第一块残奥会乒乓球项目比赛金牌。从2008年开始，她连续参加四届残奥会，每届都获乒乓球TT2级单打冠军、TT3级团体冠军。

多年来，刘静先后获评北京残奥会先进个人、全国五一劳动奖章、中国青年五四奖章、全国三八红旗手等荣誉。

2021年，刘静参加残奥会 （柳放 供稿）

镇江市人均体育场地面积为3.17平方米

经统计，截至2021年年底，镇江市人均体育场地面积为3.17平方米。共新建8个体育公园、58千米健身步道、334套健身路径、5个笼式足球场。打造上线“体育大市口”智慧服务平台，采用“体育+金融+互联网”的创新模式，实现场地预定、线上直播、赛事报名、消费券发放等多种功能。

2021年，全市有新注册教练员219人、运动员2022人，输送击剑、游泳、乒乓球、足球、柔道等项目11名运动员进入省优秀运动队，2名运动员入选东京奥运会中国体育代表团名单，镇江选手在2021陕西全运会上获“4金2银1铜”的历史佳绩。

2021年，镇江市体育会展中心四连片门球场掠影　（本版照片均由市体育局提供）

2021年，健康路体育公园乒乓球馆掠影

2021年，“我为群众办实事”2021年暑期青少年公益培训活动启动

2021年，足球主题公园西津渡滨江体育公园掠影

2021年，合山公园健身广场掠影

【全国老年人太极拳健身推广展示大联动镇江分会场活动】2021年5月19日，全国老年人太极拳健身推广展示大联动镇江分会场活动在市健康路体育公园举行。全市16支团队、300余名太极拳爱好者参加活动，活动现场集中展示了24式、42式太极拳、功夫扇等项目。

【镇江市入选省“最美跑步线路”“最美乡村健身公园（广场）”年度榜单】2021年，丹阳市马塘桥体育公园跑步线路和句容茅山风景区跑步线路入选“魅力江苏　最美体育”2021江苏省“最美跑步线路”年度榜，丹阳市司徒镇东风社区文体公园入选“魅力江苏　最美体育”2021江苏省“最美乡村健身公园（广场）”年度榜。

2021年，入选“魅力江苏　最美体育”2021江苏省“最美跑步线路”年度榜的丹阳市马塘桥体育公园跑步线路美景　（梓叶　供稿）

ZHENJIANG
TUJIAN
(2022)
SHENGTAI
WENMING
JIANSHE PIAN

镇江图鉴（2022）
生态文明建设篇

综述

【概况】 2021年，镇江市生态环境整治有成效。全年国控站点$PM_{2.5}$年均浓度36微克/立方米，比上年下降5.3%；空气质量优良天数比率79.2%，比上年下降2.2个百分点。全年地表水国考断面、省考断面优III比例分别为100%和95.6%，主要入江支流断面优III比例为93.8%，集中式饮用水水源地的水质达标率为100%。国考断面优III比例与上年持平。

城乡环境进一步优化。全年新增各类城市绿地面积315.6公顷，人均公园绿地面积15.43平方米。林木覆盖率、建成区绿化覆盖率分别达25.6%和42.2%。全年全社会用电量295.06亿千瓦时，比上年增长10.5%，其中城乡居民生活用电量34.92亿千瓦时，增长7.9%。全市建成区面积236.23平方千米，比上年增加8.15平方千米。全市拥有区域供水厂8座，总供水能力126万吨/日，其中市区自来水供水能力70万吨/日。市区管道天然气供气总量5.55亿立方米，家庭天然气用户29万户，家庭液化气用户6.09万户。

2021年，丹徒区、镇江新区创成国家级节水型社会建设达标县（区），扬中市创成省级节水型社会示范区，润州区水利科普馆、镇江新区节水科普中心创成省级水情教育基地，京口区建成节水展示馆。镇江市7座中型水库管理保护规划通过省水利厅专家审查，丹阳市九曲河枢纽通过国家级水管单位复核，谏壁抽水站创成国家级水管单位，丹阳市创成全国深化小型水库管理体制改革样板县。镇江市智慧水利项目全面建成，同时，推进重点闸站自动化改造工作。《镇江市节约用水条例》通过市人大常委会一审。

2021年镇江市新增省级“绿色工厂”名单

大亚人造板集团有限公司

丹阳龙江钢铁有限公司

双峰格雷斯海姆医药玻璃（丹阳）有限公司

江苏鱼跃医疗设备股份有限公司

江苏鑫海高导新材料有限公司

句容台泥水泥有限公司

江苏扬中印刷有限公司

江苏美科太阳能科技有限公司

江苏通灵电器股份有限公司

江苏鼎胜新能源材料股份有限公司

优利德（江苏）化工有限公司

镇江同舟螺旋桨有限公司

2021年，“绿色工厂”江苏鱼跃医疗设备股份有限公司生产现场 （孙悦萌 供稿）

2021年，“绿色工厂”大亚人造板集团有限公司生产车间 （孙悦萌 供稿）

第五届国际低碳（镇江）大会暨碳达峰碳中和2021金山峰会现场 （王朋 供稿）

第五届国际低碳（镇江）大会暨碳达峰碳中和2021金山峰会举行

2021年10月16日，第五届国际低碳（镇江）大会暨碳达峰碳中和2021金山峰会在镇江市体育会展中心举行。大会发布《低碳发展镇江指数》研究成果，发出“为实现碳达峰碳中和贡献企业力量”的“镇江倡议”。继2012年成为全国低碳试点城市以来，镇江用绿色低碳发展的“镇江实践”丰富气候环境治理的“中国方案”，全市单位GDP能耗下降37.7%，单位GDP二氧化碳排放下降46.3%，生态环境发生转折性变化。

第五届国际低碳（镇江）大会暨碳达峰碳中和2021金山峰会开幕式现场 （王朋 供稿）

碳达峰碳中和2021金山峰会开展仪式举行 （王朋 供稿）

碳达峰碳中和绿色金融高端研讨会举行 （王朋 供稿）

第五届国际低碳（镇江）大会暨碳达峰碳中和2021金山峰会现场 （王朋 供稿）

2021年3月18日，全市深入打好污染防治攻坚战暨河湖长制工作部署视频会议召开 （市水利局 供稿）

2021年3月22日，第二十九届"世界水日"宣传活动暨第三十四届"中国水周"开幕式举行 （市水利局 供稿）

2021年3月26日，“共抓长江大保护——千名政协委员民主监督在行动”主题活动启动（柳放 供稿）

【镇江市长江江豚保护联盟成立】2021年11月30日，全国首个地方性长江江豚保护联盟——镇江市长江江豚保护联盟（以下简称“联盟”）成立。联盟是由市自然资源和规划局牵头，联合市发展和改革委员会、市生态环境局、镇江海事局等10个相关职能部门共同发起成立的开放式、合作型江豚保护工作联系组织，旨在加强各单位协调配合，形成工作合力，推动镇江市长江江豚保护。活动现场，长江江豚保护联盟发布《“保护长江江豚 共建生命长江”镇江宣言》。中国水产科学研究院淡水渔业研究中心与江苏镇江长江豚类省级自然保护区管理处签订长江江豚保护研究合作协议。江苏大学材料科学与工程学院、江苏科技大学环境与化学工程学院在江苏镇江长江豚类省级自然保护区挂牌设立“大学生社会实践基地”。当天上午，还启动2021年镇江市长江江豚保护主题月活动。

镇江市长江江豚保护联盟成立 （市自然资源和规划局 供稿）

2021年，镇江市举行“人与自然和谐共生——2021年六五环境日活动” （李柱保 供稿）

2021年7月2日，以“养护水生生物资源　建设生态文明镇江”为主题的镇江市长江渔业资源增殖放流活动举行 （胡荣生 供稿）

2021年，丹徒区世业洲是中国江豚护养基地之一，江豚雕塑下两孩童快乐放飞 （鲍育瑞 供稿）

留住母亲河的微笑天使，保护长江江豚科普讲座走进校园

2021年4月22日，在镇江市中山路小学课堂上，正在进行一堂与江豚有关的科普讲座。镇江长江豚类省级自然保护区管理处工程师王召根走进课堂，带着自己拍到的江豚照片，述说关于江豚的点滴。正值“世界地球日”，为科学普及长江江豚和长江生态保护知识，培养青少年保护长江江豚、爱护长江生态环境的意识，镇江长江豚类省级自然保护区管理处启动2021年“保护长江江豚　共建生命长江”科普讲座进校园活动，让孩子们看到江豚的微笑，认识江豚、关爱江豚、保护长江。

“保护长江江豚　共建生命长江”科普讲座进校园活动现场（柳放　供稿）

2021年10月16日，镇江市“低碳生活•镇行动”骑行活动举行 （史荣生 供稿）

2021年11月12日，润州区农业农村局党员志愿者和“护渔员”一起，开展“清除江滩残网桩头”行动 （柳放 文雯 供稿）

自然资源·规划

【概况】2021年，《镇江市所辖市（区）国土空间规划近期实施方案》经省政府批准，全年审查上报27个用地批次（项目），用地总面积539.27公顷；审核上报使用林地项目40个批次，用林面积220.804公顷。全市供应各类建设用地517宗1665公顷，土地出让金373.19亿元。市政府出台《关于完善建设用地使用权转让、出租、抵押二级市场的实施意见》，规范土地二级市场交易。盘活处置批而未供土地990.73公顷、闲置土地75.07公顷，盘活利用城镇低效用地531.13公顷。扬中市自然资源和规划局获2020年度全省自然资源节约集约利用进步奖。

2021年3月24日，全市加强耕地保护暨违法违规用地整改工作推进会召开（市自然资源和规划局 供稿）

【生态保护修复】2021年，镇江市完成土地复垦项目123个，新增耕地299.13公顷。镇江市圌山生态修复、句容市北山水库水源地保护区矿山生态修复2个案例入选省首届“最美生态修复案例”名单。3家国家级“绿色矿山”通过省自然资源厅复检，新创省级“绿色矿山”1家。全面推行林长制，建立市、县、镇、村四级林长体系，划定14个市级林长责任区域，设立公示牌，出台《镇江市林长制市级会议制度（试行）》等4项配套制度。组织开展义务植树79场次，新增造林961.53公顷。19个省级“绿美村庄”全部通过验收，全市林木覆盖率提升至25.57%。修复湿地106.8公顷，全市自然湿地保护率提升至60.3%。

【长江经济带废弃露天矿山生态修复工作完成】2021年7月7日，镇江市最后一批长江经济带10平方千米范围废弃露天矿山生态修复项目通过省自然资源厅组织的专家验收，自2019年8月启动的全市长江经济带废弃露天矿山生态修复工作全面完成。该次修复规模全省最大，全市实际完成107处废弃露天矿山的生态修复，修复面积505.87公顷，其中句容市占总数的58%；项目数占全省总数的50%，修复面积占全省总面积的45%，均为全省第一名。

圌山生态修复案例入选省首届“最美生态修复案例”名单

圌山位于镇江新区东部，西距镇江市区30公里，雄峙江浒，扼锁大江，主峰海拔258.2米，为宁镇丘陵东端最高峰。圌山蕴藏的珍珠岩、沸石、膨润土等矿产是镇江市乃至江苏省都稀少的资源矿种，丰富的火山碎屑岩类建筑石料矿产也曾是镇江主要开采的矿产。以往多年的矿石开采使圌山建材矿区形成多处采残宕口，高陡耸立的悬崖残壁、裸露边坡及大面积废弃土地，产生众多地质灾害隐患。为恢复废弃露天矿山的生态环境，镇江新区围绕圌山风景区的打造，结合圌山温泉度假酒店和登山步道项目建设，通过实施生态修复工程恢复重建良好的生态环境，使关闭矿山与周边优美的自然环境融为一体，进一步提升圌山风景区的景观品质。

2021年春，生态修复后的圌山郁郁葱葱美景 （卞婕 供稿）

1号宕口（左）和2号宕口（右）修复前后情况（大港微生活 供稿）

【林长制工作】2021年，镇江市委、市政府印发《关于镇江市全面推行林长制工作方案》《关于成立镇江市林长制工作领导小组的通知》，林长制工作领导小组办公室出台《镇江市林长制市级会议制度（试行）》《镇江市林长巡林制度（试行）》《镇江市林长制信息报送和公开制度（试行）》《镇江市林长制办公室工作制度（试行）》等4项配套制度。10月27日，镇江市相关领导对镇江长江豚类省级自然保护区开展巡林。截至12月底，镇江市全面建立起市、县、镇、村四级林长体系，全市设立市级林长16人、县级林长111人、镇级林长511人、村级林长762人。

【绿美村庄建设】2021年，镇江市申报的19个省级绿美村庄全部通过省林业局验收，并获省级资金补助380万元。镇江市按省级绿美村庄建设标准，"一村一规划、一村一图纸"，确保村内主栽乔木树种10种以上，珍贵树种占乔木树种比例不低于50%；新造林中珍贵树种比例不低于60%，栽植珍贵树种不少于3000株或人均不少于10株，村庄绿化覆盖率35%以上。

2021年镇江市入选省级绿美村庄名单表

丹阳市延陵镇宝林村西庄湖村
丹阳市访仙镇红光村大井口
丹阳市丹北镇东方村河南张
丹阳市云阳街道横塘村有甲村
句容市宝华镇仓头村芮庄自然村
句容市边城镇光明村大路顶
句容市茅山风景区李塔村六角
句容市郭庄镇胜利村张古墩
句容市天王镇浮山村许家塘陈三
扬中市西来桥镇西来村丁家腰沟埭村
扬中市三茅街道营房村营房居民点
扬中市开发区三跃社区太平新村长圩埭
扬中市八桥镇幸福村梳子圩埭
扬中市八桥镇红旗村320圩
丹徒区宝堰镇鲁溪村蛟塘
丹徒区高桥镇镇扬村曹家圩
丹徒区世业镇先锋村四组
镇江新区姚桥镇三桥村苏家埭
镇江高新区蒋乔街道五洲山村朱家湾

2021年，丹徒区世业镇先锋村掠影（先锋村 供稿）

省级绿美村庄——丹徒区世业镇先锋村四组

世业镇先锋村地处江中小岛世业洲，三面临江。2014年，习近平总书记来到先锋村考察时提出：“现代高效农业是农民致富的好路子，要沿着这个路子走下去，让农业经营有效益，让农业成为有奔头的产业。”先锋村以此为契机，确立“党建+高效农业+富民”模式，发展高效农业。2021年，先锋村新建田间课堂、初心广场和红色田园路，用于发展高效农业，培养农技人员，吸引游客观光采摘。

在省林业局公布的“2021江苏绿美村庄”中，先锋村四组名列其中。先锋村还先后获“全国文明村”“全国先进基层党组织”“全国乡村治理示范村”“全国科普惠农兴村先进单位”“国家级森林乡村”“江苏省民主法治示范村”“江苏省生态文明建设示范村”等称号。

2021年，世业镇先锋村四季春高效农业园掠影（先锋村 供稿）

江苏省美丽家园省级示范点——丹徒区高桥镇高桥村

高桥村位于高桥镇中心区域，具有铁路、公路、水运快捷便利的立体交通。工业以铸造、裘皮、电子及宠物用品为主。农业以传统种植与特种水产养殖相结合，在全国扣蟹业界有着很高的知名度。在镇江市第六届蟹文化节暨“镇江好蟹”评比中，江洋水产养殖专业合作社的成蟹获市级长江蟹“优质奖”和“最佳口味奖”。合作社获“省级示范水产合作社”称号。高桥村注重传承历史文化，发展特色产业，结合美丽乡村建设，精心打造吴家圩最美古村落，成功入选江苏省首批省级传统村落。2021年，高桥村获“镇江市美丽乡村（社区）示范点”“江苏省美丽家园省级示范点”“镇江市文明村”等称号。

2021年，高桥村党群服务中心掠影 （高桥村 供稿）

2021年，省级“扣蟹”良种繁育基地掠影 （高桥村 供稿）

2021年，入选省级传统村落的高桥村吴家圩掠影（高桥村 供稿）

环境质量

【概况】2021年，镇江市环境空气中二氧化硫、二氧化氮和$PM_{2.5}$浓度比上年均有削减，一氧化碳浓度与上年持平，臭氧和PM_{10}浓度比上年均有上升，其中，市区$PM_{2.5}$年均浓度为36微克/立方米 ，下降5.3%，市区环境空气质量优良天数比率为79.2%，下降2.2个百分点。全市酸雨平均发生率为3.0%，降水年均pH值为5.87，全市酸雨平均发生率下降4.1个百分点，镇江市区、丹阳市、句容市、扬中市酸雨发生率分别为6.5%、0.0%、0.0%和0.0%。全市地表水环境质量总体为优，列入《江苏省水污染防治工作计划》地表水环境质量考核的10个国控断面中，水质符合《地表水环境质量标准》（GB 3838—2002）Ⅰ～Ⅲ类断面占比为100%，水质考核达标率为100%。省控45个断面中，优Ⅲ类断面占比为95.6%，Ⅴ类断面占比为4.4%，与上年相比，“十四五”期间国省考监测点位有较大调整，省级以上考核断面由20个调至45个，优Ⅲ类断面比例下降4.4个百分比。全市21个国家网基础点位土壤环境总体质量良好，属于清洁水平。对农田、菜地等重点区域土壤41个点位开展监测，其中，39个点位土壤监测指标均低于风险筛选值，农用地土壤污染风险低，低风险占比为95.1%；2个点位土壤监测指标高于风险筛选值，但低于风险管制值，占比为4.9%。昼间区域声环境质量总体处于一般水平，质量等级为三级，噪声平均等效声级为56.2分贝，比上年下降0.7分贝。环境γ辐射吸收剂量率、土壤中主要放射性核素浓度值与江苏省环境天然放射性水平调查测量结果处于同一水平。重点饮用水水源地取水口水中放射性指标符合《生活饮用水卫生标准》（GB 5749—2006）要求。环境中电磁辐射监测结果均低于《电磁环境控制限值》（GB 8702—2014）中公众曝露控制限值的要求。

6981辆！2021年全市新增新能源汽车数量创历史新高

数据统计，2021年，全市注册登记新能源汽车6981辆，是上年的3倍，占汽车注册登记总量的11.5%，创历史新高。市新能源汽车推广应用领导小组人士解读，得益于多年培育推广，政策的给力与企业的创新，消费者的接受度与认同度越来越高。2021年，市工信局、财政局等部门争取省新能源汽车推广及充（换）电设施补贴资金800余万元。

2021年，镇江纯电动公交汽车普及 （卞婕 供稿）

生态保护

【概况】2021年，镇江市新增省级生态文明建设示范镇（街道）13个、省级生态文明建设示范村14个，创成省级以上生态文明示范镇38个，占镇（涉农街道）总数的95%，列全省前列。其中，句容市、扬中市实现生态文明建设示范镇全覆盖。建成新造长江沿岸景观防护林118.67公顷，修复湿地106.8公顷，自然湿地保护率为77.7%。完成造林绿化总面积961.53公顷。完成全市长江经济带10千米范围废弃露天矿山生态修复工作。

2021年，长江生态湿地的白鹭欢飞 （朱建禾 供稿）

【环境管理】2021年，镇江市生态环境局审批建设项目环境影响评价文件37个（报告书10个，报告表27个），全市生态环境部门审批建设项目环境影响评价文件618个（报告书37个，报告表581个），登记备案1124个项目；办理辐射安全许可申领、变更、延续、重领、注销146件，办理辐射建设项目环评审批20件（核技术应用项目7件，电磁类电项目13件）。9月15日，国网镇江供电公司与镇江市生态环境局签订“生态环境+电力大数据”战略合作协议，在市生态环境部门与国网镇江供电公司的“预演”合作中，通过对1.6万户用电企业实施大数据画像，短时间内筛查出13家疑似“散乱污”企业，提高环境监管精准性。12月27日，在镇江江南化工有限公司举行2021年镇江市突发环境事件应急演练活动。

2021年度镇江市生态环境状况示意图

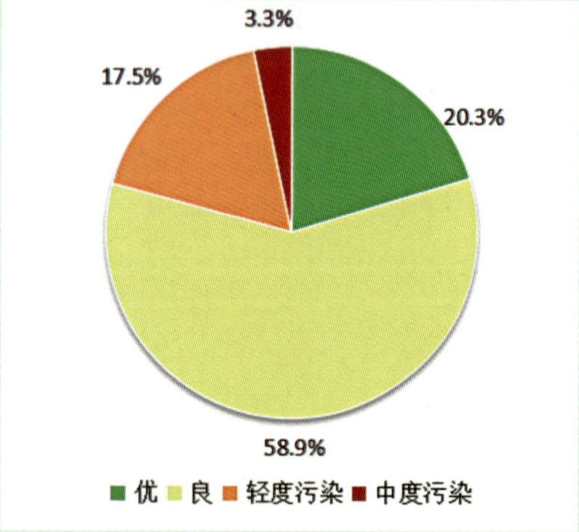

2021年镇江市区环境空气质量各级别天数比例图

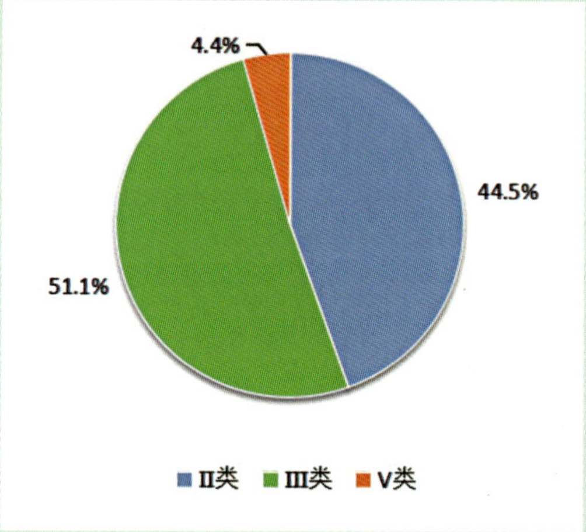

2021年镇江市地表水水质类别比例图

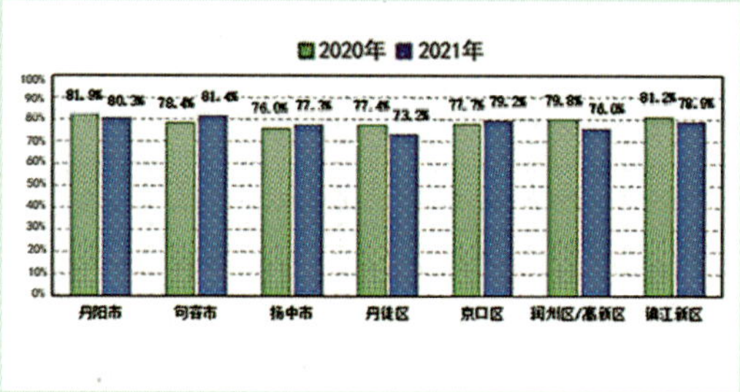

2021年镇江市空气质量优良天数比率与2020年对比

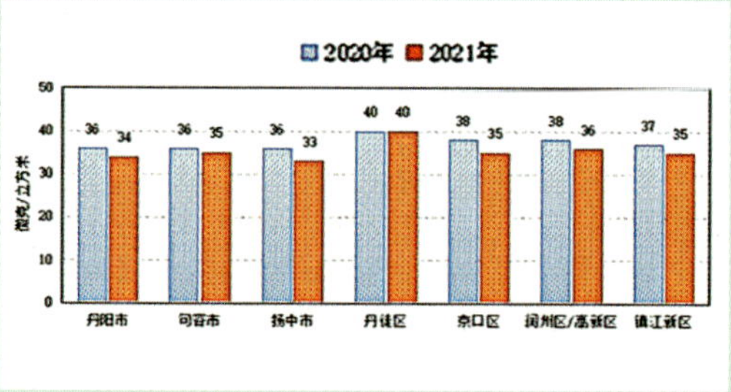

2021年镇江市环境空气中$PM_{2.5}$年均浓度与2020年对比

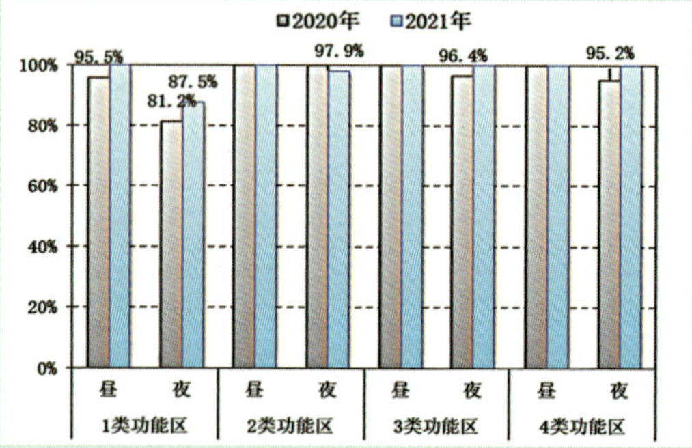

2021年镇江市各类功能区声环境质量达标率与2020年对比

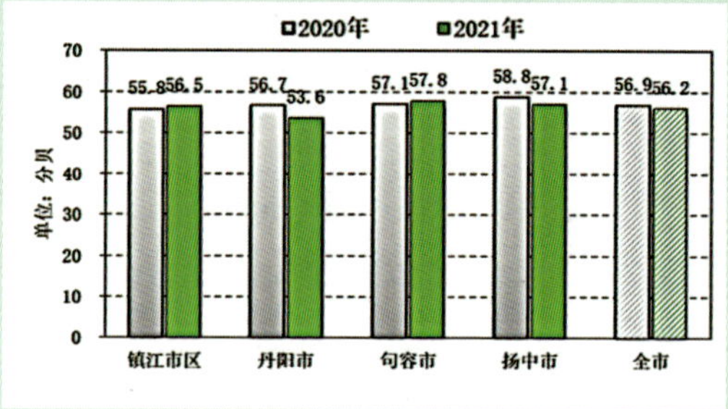

2021年镇江市昼间区域噪声平均等效声级与2020年对比

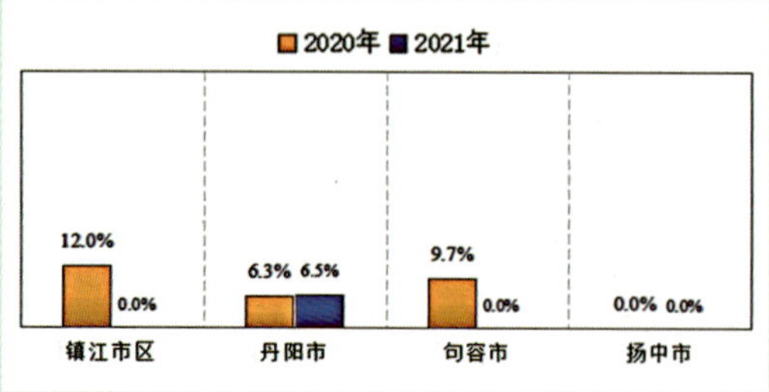

2021年镇江市酸雨发生率与2020年对比

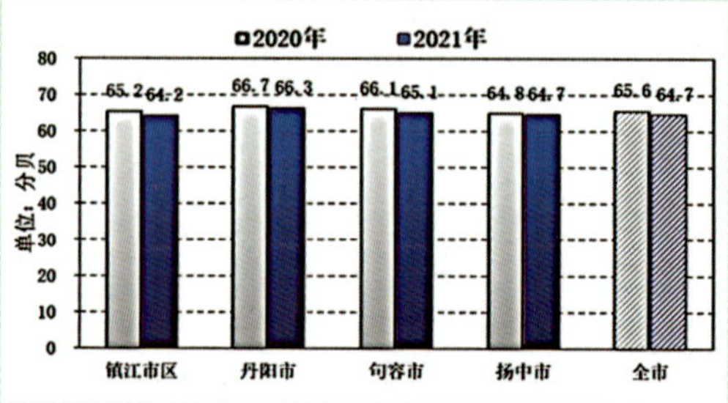

2021年镇江市昼间道路交通噪声平均等效声级与2020年对比

污染防治

【概况】2021年，镇江市实施年度大气污染防治工程538项、水污染防治项目37项，削减化学需氧量1020吨、氨氮54吨、总氮121吨、总磷14吨，挥发性有机物减排957吨，氮氧化物减排1906吨。镇江高新区中集车辆集团建设的KTL涂装生产线，采用“阴极电泳涂装+喷粉技术”全自动化节能环保工艺，并为园区内其他6家中小企业喷涂工段提供集中外协加工服务。市生态环境局开展丹阳市电镀园区专项整治，查出各类问题227个，责令整改24个，立案处罚17件，罚款金额306.08万元。开展入江支流永红河消劣V类专项执法帮扶，推动属地取缔“散乱污”企业（作坊）29家，对25家企业实施纳污接管，扩容泵站污水负荷运输量2万吨/日。推进农村生活污水治理，自然村生活污水处理覆盖率35.6%。截至年底，全市有危险废物经营单位23家，危险废物收集利用处置能力52.8万吨。全市医疗废物年处置能力3380吨，其中高温蒸煮3300吨、焚烧80吨。重点危险废物产生单位规范化管理抽查合格率和经营单位规范化管理抽查合格率分别为100%和95%。

【太湖流域水污染防治】2021年，镇江市20个太湖流域考核断面水质达标率95%，全面消除劣V类断面，完成主要水污染物总量减排任务。完成51家重点企业强制性清洁生产审核。完成污水管网新建53.67千米，市政污水管网检测428千米，劣V类水体整治9条。实施农业农村面源污染治理，完善养殖场粪污处理利用。全市规模养殖场、小规模养殖场分别为416家和549家，通过检查认定场数分别为398家和522家，配套率分别为95.7%和95.1%。推进生态农业建设，完成12个生态循环农业试点村建设，实施池塘生态化改造面积127.07公顷，建设池塘尾水达标排放示范试点4个。

谏壁电厂煤场改造

国家能源集团谏壁电厂先后开展煤场无组织排放治理工程、煤场全封闭改造工程、码头粉尘在线监测等10多项环保治理工程。同时与高校合作，采用荷电多相流技术的卸船机干雾装置解决燃料接卸过程中的污染问题。2021年1月11日，万吨码头通过省重污染天气应急管控停限产豁免现场检查验收。

2021年，改造后的谏壁电厂煤场掠影　（黄森林　供稿）

2021年，镇江港口发展集团在码头堆场设置防尘网防治污染（郑岗 供稿）

江河交汇处的“绿色驿站”——六圩水上绿色综合服务区

镇江海事局与长航集团共同探索开展六圩水上绿色综合服务区建设，携手武汉绿色航运科技服务有限公司，在定易洲锚地打造以绿色环保为主题的综合性水上服务区。服务区有趸船5艘，设置绿色航运服务站、绿色船民服务站、防污染服务站、应急服务站和绿色能源服务站等五大功能区间，并配置了水上交通船和船舶污染物专业接收船各1艘。自2020年1月建立至2021年年底，累计为锚泊和过往船舶提供污染物免费接收服务6700多艘次，接收生活污水4400余立方米 、垃圾30余吨。

2021年，镇江六圩水上绿色综合服务区掠影（刘玉宝 供稿）

油坊镇获评助力“碳达峰 碳中和”·能源行业零碳优质基地

2021年9月24日，扬中市油坊镇被中国能源产业发展年会组委会评为助力“碳达峰 碳中和”·能源行业零碳优质基地，这是江苏唯一入选乡镇。油坊镇发挥光伏全产业链优势，推进“碳中和·零碳村镇”建设，在会龙、长旺试点建设零碳示范村，推进棚顶光伏工程，打造光伏长廊。在会龙村，通威环太20MW渔光互补光伏发电项目建成3年，平均年发电量达2390千瓦时，年发电产值达2000万元以上。油坊镇累计建设地面电站20MW、公共机构及企业厂房电站28MW，居民户光伏屋顶安装1900户。

2021年，扬中市油坊镇代表在中国能源产业发展年会合影 （油坊镇 供稿）

2021年，油坊镇企业、农居和渔光互补光伏设施掠影 （油坊镇 供稿）

2021年，镇江赛维尔环保纤维有限公司掠影 （丹徒经开区 供稿）

“吃”进废塑料，“吐”出高端环保纤维 丹徒经济开发区塞维尔环保纤维项目建成投产

2021年11月，位于江苏丹徒经济开发区（高资镇）的市、区重点产业项目——镇江赛维尔环保纤维有限公司完成主体建设和设备安装调试并进入试生产阶段。生产使用的原材料为废弃塑料瓶、易拉罐等，经过一系列工序，生产出食品级包装材料，这也使得公司获美国和欧盟相关认证。

丹徒经济开发区（高资镇）是省级装备制造业特色基地、省级临港物流特色园区、国家级循环经济标准化示范试点园区、江苏省循环化改造示范试点园区、江苏省知识产权示范园区。

2021年10月，丹徒经济开发区内的省、市、区重点产业项目建华科创园一期掠影 （丹徒经开区 供稿）

镇村（社区）建设

【概况】2021年，镇江市新建成160个“美丽宜居村”。4个村庄被命名为江苏省特色田园乡村，10个村建成市级特色田园乡村。累计35个村庄入选江苏省首批“传统村落”。全市建制镇用水普及率100%。丹阳市经济开发区祈钦村六都、张巷村张巷、皇塘镇滕村村吕渎，句容市后白镇王庄村王庄、下蜀镇空青村范巷、华阳街道下甸村山芋地，扬中市新坝镇立新村蒲草溜和丹徒区辛丰镇龙山村河达等8个村入选江苏省第四、第五批“传统村落”。建立镇江市首批“传统村落”名录，丹阳市延陵镇柳茹村柳茹等34个村被命名为首批镇江市“传统村落”。

【特色田园乡村建设】2021年，丹阳市延陵镇宝林村西庄湖、句容市下蜀镇空青村范巷、扬中市三茅街道明华村居民点和丹徒区上党镇上会村东宝庄（毛家榨）等4个村被命名为江苏省特色田园乡村。丹阳市高新区横塘村有甲、开发区张巷村张巷、开发区祈钦村六都，句容市下蜀镇空青村范巷、天王镇戴庄村白沙、华阳街道钱家边村王许庄，扬中市三茅街道友好村宽新圩、三茅街道明华村居民点（五虎圩），丹徒区上党镇古洞村坞庄、江心园区五套村十五组（橘江里）等10个村入选镇江市特色田园乡村。

2021年，江苏省特色田园乡村丹阳市延陵镇庄湖村美景 （卞婕 供稿）

江苏省特色田园乡村——丹徒区上党镇东宝庄(毛家榨)

东宝庄(毛家榨)是上党镇上会村的自然村，自美丽乡村建设启动以来，实施多个建设项目，包括东宝庄村民活动中心、停车场、南乡衣坊、农产品交易展厅，毛家榨的村史室、摄影文化墙等农业文化展示载体建设，同时，推进稻田、花田景观等产业提升，形成环境与产业同步提升，经济与生态良性互动的发展格局。

2021年，江苏省特色田园乡村丹徒区上党镇东宝庄（毛家榨）美景 （卞婕 供稿）

江苏省特色田园乡村——丹徒区辛丰镇龙山村河达

具有千年历史的河达古村坐落在京杭大运河东岸，古称润东河达。村内环境优美，至今仍保存着28幢清朝晚期和民国期间建造的祠堂、民居等建筑，还有古桥、古碑、古墓等历史遗存。近年来，村两委和当地群众每年都对村内古建筑进行修缮保护，让古建筑焕发新生机，留住文脉乡愁。

2021年，江苏省特色田园乡村丹徒区辛丰镇龙山村河达美景 （卞婕 供稿）

2021年，江苏省第四批“传统村落”扬中市新坝镇立新村蒲草溍掠影 （颜宏亮 供稿）

2021年，江苏省传统村落丹阳市经济开发区祈钦村六都美景（司马照虎 供稿）

省级生态文明示范村丹徒区上党镇五塘村

五塘村生态环境优良，特色农业是有机稻米、蒸汽茶和绿壳鸡蛋养殖。五塘村运用专业合作社模式，带动高效农业发展，实现农民增收和村级经济增长。多年增加投入用于修筑水泥路、河塘整治、新建健身广场和卫生服务站、农户改厕、绿化美化工程等。先后获“江苏省三星级康居示范村”“江苏省卫生村”“镇江市文明村”等称号。

2021年，丹徒区上党镇五塘村掠影（孙悦萌 供稿）

镇江市认定公布第一批镇江市传统村落

为进一步做好传统村落保护工作，使传统村落焕发时代魅力、彰显文化价值，市住建局联合市文广旅局、财政局、自然资源和规划局、农业农村局开展第一批市级传统村落调查申报工作。2021年8月，认定并公布34个村落为第一批镇江市传统村落。

2021年，第一批镇江市传统村落丹徒区谷阳镇槐荫村张付美景 （卞婕 供稿）

2021年，第一批镇江市传统村落丹徒区宝堰镇南宫村丁角美景 （卞婕 供稿）

第一批镇江市传统村落——镇江新区姚桥镇华山村

华山村位于镇江新区姚桥镇。起源于西周，兴旺于明清，工商业发达、百姓安居乐业，素有“江南第一村”的美誉。以古街为中心，融宗教、经济、文化为一体。村口有银杏古树，传说为张天师所栽，有1500多年历史，高38.8米，直径1.86米，被百姓视为“神树”。汉乐府中的《华山畿》是中国四大民间传说之一《梁山伯与祝英台》的雏形。“华山畿和华山畿的传说”中梁祝合葬墓——神女冢就在华山村，是江苏省级非物质文化遗产项目。华山古街曾有商店、饭馆、布庄、工艺绣品铺、铁匠铺、当铺、拳馆、读书屋、酒坊、油坊，这一龙脊街原汁原味保存较好。还有张天师庙、李鸿章管家张麒麟故居等。另有传统华山庙会和列入市级非遗名录的太平泥叫叫等。

2021年，第一批镇江市传统村落镇江新区姚桥镇华山村美景 （孙悦萌 供稿）

2021年，第一批镇江市传统村落镇江新区姚桥镇儒里村儒里美景 （孙悦萌 供稿）

2021年，第一批镇江市传统村落句容市茅山李塔村陈庄美景（孙悦萌 供稿）

2021年，第一批镇江市传统村落句容市后白镇西冯村西冯美景（魏兢 供稿）

2021年，第一批镇江市传统村落丹徒区高桥镇高桥村吴家圩掠影　（高桥村 供稿）

2021年，第一批镇江市传统村落丹阳市延陵镇柳茹村掠影　（许秋萍 供稿）

镇江市公布2021年镇江市第一批特色田园乡村名单

镇江持续深入推进市级特色田园乡村创建工作。经组织验收，2021年10月9日，市田园办公布镇江市第一批特色田园乡村名单，句容市下蜀镇空青村范巷、天王镇戴庄村白沙，扬中市三茅街道友好村宽新圩和三茅街道明华村居民点（五虎圩）被命名为市级特色田园乡村。至此，镇江有21个省级特色田园乡村和14个市级特色田园乡村。

2021年，镇江市特色田园乡村句容市天王镇戴庄村白沙美景 （卞婕 供稿）

2021年，镇江市特色田园乡村丹徒区江心园区五套村十五组（橘江里）掠影（丹徒区住建局 供稿）

丹徒区住建局组织实施美丽村庄建设成效突出

丹徒区住房和城乡建设局在美丽宜居城市建设、污水管网和海绵城市建设等工作中取得新进展和成效。2021年牵头组织实施1个省级、2个市级特色田园乡村，60个区级美丽宜居村庄建设。推进污染防治攻坚，扬尘管控数字化实现全覆盖。年内，获“江苏省防震减灾工作县级优秀单位”“丹徒区城乡建设先进集体”等称号。

2021年，省市特色田园乡村丹徒区高资镇水台村掠影（丹徒区住房建局 供稿）

丹徒区上党镇坞庄自然村文化墙新建前后对比（丹徒住建局 供稿）

丹徒区高资街道双仙河水环境整治前后对比 （丹徒住建局 供稿）

2021年，丹徒高桥夏大圩EPC污水处理设施完成建设并投入运行 （丹徒住建局 供稿）